本著作为河北省社会科学基金项目“模糊多属性决策方法及其在河北省物流行业中的应用研究”（项目编号：HB24GL052）研究成果

老龄化背景下的康养供应链理论与实践研究

姜文超 著

燕山大学出版社
·秦皇岛·

图书在版编目（CIP）数据

老龄化背景下的康养供应链理论与实践研究 / 姜文超著. -- 秦皇岛 : 燕山大学出版社, 2025. 5. -- ISBN 978-7-5761-0878-1

Ⅰ. F726.99

中国国家版本馆 CIP 数据核字第 2025YV3125 号

老龄化背景下的康养供应链理论与实践研究

LAOLINGHUA BEIJING XIA DE KANGYANG GONGYINGLIAN LILUN YU SHIJIAN YANJIU

姜文超 著

出 版 人： 陈　玉
责任编辑： 刘馨泽　　**策划编辑：** 刘馨泽
责任印制： 吴　波　　**封面设计：** 刘馨泽
出版发行： 燕山大学出版社　　**电　　话：** 0335-8387555
地　　址： 河北省秦皇岛市河北大街西段 438 号　　**邮政编码：** 066004
印　　刷： 涿州市般润文化传播有限公司　　**经　　销：** 全国新华书店

开　　本： 710 mm×1000 mm　1/16　　**印　　张：** 9.5
版　　次： 2025 年 5 月第 1 版　　**印　　次：** 2025 年 5 月第 1 次印刷
书　　号： ISBN 978-7-5761-0878-1　　**字　　数：** 140 千字
定　　价： 50.00 元

序　言

当全球每10个人中便有一位年逾65岁的老人时，当中国以“未富先老”之姿迈入深度老龄化社会时，一场无声的人口结构变革正以前所未有的力度考验现代社会的治理智慧：如何让有限的康养资源跨越千山万水、穿透城乡壁垒，精准而温暖地抵达每一个需要它的角落？答案或许不在某台精密的医疗仪器中，也不在某项孤立的政策文件里，而深植于那些昼夜奔流的物流网络和精密协同的供应链条之中。它们是现代社会抵御老龄化风险的“隐形盾牌”，更是守护生命尊严的“最后一公里”。

康养供应链的复杂程度远超传统的商品流通链条。一支疫苗的活性维系于毫厘不差的冷链温控，一位独居老人的安危系于30分钟送达的急救药品，一个偏远乡村的医疗尊严取决于药品逆向调剂的效率。这些场景的背后，是物流实现技术与供应链管理思维的终极考验：时效性关乎生命存续，安全性不容丝毫妥协，可达性决定社会公平。中国老龄化的“未富先老、慢性病高发、区域失衡”特征，更是让这一命题充满紧迫性与独特性。

本书以老龄化背景下的康养供应链管理为核心，立足全球视野，聚焦中国实践，试图构建起一套兼具理论深度与操作价值的分析框架。全书共六章，分为十六节，系统地解构了老龄化社会的供应链变革逻辑：

第一章：理论篇——老龄化与供应链的逻辑重构。从全球老龄化趋势的数据锚定，到中国“城乡二元困境”的深度剖析，本章揭示了康养需求从“标准化供给”向“个性化响应”的转型，并重新定义了供应链管理的核心使命：物流不仅是物的位移，更是服务触达、风险控制与社会信任的基础设施。

第二章：实践篇——全球经验与中国探索。透过日本7-11便利店系统的社区养老配送、美国医药巨头的资源整合、北欧绿色供应链管理等案例，对比中国的顺丰医药网络、县域医共体统配、美团“30分钟送药下乡”等本土实践案例（第五节），揭示出供应链效率提升与公平性优化的多元路径，直击城乡资源错配、应急响应滞后等物流痛点。

第三章：技术篇——数字化与适老化技术创新。物联网实现了药品冷链的“全程可视”，区块链破除了医疗数据孤岛，人工智能优化了慢性病用药预测，无人机穿透了山区配送盲区。技术不仅仅是工具，更是消弭数字鸿沟的桥梁——当语音交互界面取代了复杂操作、当无人车使用“降噪轮胎”减少社区扰民、当无人机配送的物品从天而降……技术创新正赋予供应链以人文温度。

第四章：方法篇——模糊决策与康养供应链的实践结合。康养供应链的核心达成部分就是物流，它能确保健康养老的物资到达有需要的人手中。涉及物流服务的决策因素众多，作者结合多年在模糊多属性决策方法领域的探索和研究，在本章提出了四种较为前沿的模糊多属性决策方法，旨在提升康养供应链中的物流服务水平。

第五章：案例篇——创新模式与跨界融合。从上海“长护险”的护理资源调度，到德国西门子医疗设备的全球弹性供应，这些案例均揭示出“供应链竞争力＝资源整合力 × 技术创新力 × 社会责任意识”的规律。无论是城市智慧养老，还是农村医药物流，交叉融合的实践突破性均指向多主体协同与基础设施复用。

第六章：挑战与未来篇——可持续发展路径。针对数据壁垒高企、流通标准缺失、弹性响应不足等系统性难题，本章提出康养供应链的三大跃迁方向：从“规模优先”转向“精准普惠”，从“成本至上”转向“绿色共生”，从“产品交付”转向“服务赋能”。未来，康养供应链的迭代进化，需要依靠政策协同、技术适配、代际共融的同向合力。

序言的最后，又回归到本书的几个基本问题。为何聚焦物流？因为在康养供应链中，物流是“生命线”与“公平秤”的合体：冷链物流的毫厘误差可能让疫苗失效，让慢性病患者陷入危机；即时配送的分钟之差，可能决定独居老人的生存质量；城乡物流网络密度的落差，导致映射区域康养资源分配的不公。当京东健康的无人机穿越怒江峡谷，当顺丰医药的区块链溯源系统守护每一支胰岛素，我们认识到：物流技术的每一次突破，都是对老龄化社会痛点的精准回应。

本书为谁而写？对于政策设计者，他们能够从中提炼资源跨域调配、标准体系构建的参考范式；对于企业与机构，物流企业将发现适老化技术蓝海，养老机构可借鉴库存管理与应急响应模型；对于学者与公众，他们也可以从中找到解决老龄化问题的新成果。本书试图传递一种信念：供应链的进化，需要技术创新，更需要对人性的细微体察。

老龄化社会的治理，检验着一个文明的韧性与温度。只有当康养供应链的齿轮以效率、公平和人文关怀作为润滑，我们方能在银发浪潮中筑起一道温暖的长堤。在那方天地，物流网络传递着生命的希望，供应链条编织着尊严的底线。此书愿为一块引玉之砖，唤起更多同路人共赴这场关乎每个人未来的探索。

目　　录

第一章 理论篇：老龄化与康养供应链的逻辑重构

第一节 老龄化社会的康养需求变革

一、全球老龄化趋势与特征

国际上通常用老年人口比重作为衡量人口老龄化的标准，老年人口比重越高，人口老龄程度也越高。一般把 60 岁及以上人口占总人口比重达到 10%，或 65 岁及以上人口占总人口的比重达到 7% 作为一个国家或地区进入老龄化社会的标准。中度老龄化是指 60 岁及以上人口比重超过 20% 或 65 岁以上人口比重超过 14%。

全球老龄化正以前所未有的速度和规模重塑人类社会结构，成为康养供应链变革的核心驱动力。本节基于人口学数据与区域对比，揭示老龄化浪潮的时空异质性，为理解康养需求的结构性转型奠定基础。

（一）全球老龄化的总体趋势

全球人口老龄化正加速发展，正成为21世纪最显著的社会趋势之一。这一趋势在不同地区呈现出显著的差异性，发达国家的老龄化程度普遍高于发展中国家。例如，日本和意大利的老龄化率均已超20%，在全球范围内，这两个国家的老龄化程度最为严重。相比之下，非洲和南亚的部分发展中国家的老龄化率仍低于7%，但随着生育率的下降和人均寿命的延长，其老龄化速度也在加快。全球老龄化趋势的区域差异不仅体现在老龄化程度上，还体现在对社会经济结构的影响上。在发达国家，老龄化主要表现为劳动力短缺、养老金负担加重以及医疗保健需求的增加。而在发展中国家，老龄化问题往往与经济发展水平不匹配，陷入"未富先老"的困境，如中国和印度等国家，面临着巨大的养老和医疗压力。此外，不同地区在应对老龄化的策略上也存在差异，一些国家通过移民政策补充劳动力，还有一些国家则采用提高劳动生产率和延长退休年龄等手段。

（二）老龄化进程的加速与分化

除了定性的描述和分析，我们还可以从数据分析的角度去透视和观察全球老龄化进程的加速与分化情况。

一是老龄化人口规模的扩张特征，已经从"人口红利"转向"银发浪潮"。根据联合国《世界人口展望2022》显示，老龄化人口总量激增。1950年，全球65岁以上人口占比仅为5%，到2022年已攀升至10%，预计到2050年这一占比将达16%，对应的人口规模约为16亿人。值得注意的是，80岁以上的高龄化群体人数增速更快，预计2050年将突破4.26亿人。

二是康养需求伴随老龄化增长。根据估算，老年人口医疗支出为青年人口的3～5倍，随着全球老龄化程度不断加深，慢性病护理、康复辅具、适老化改造等需求呈指数级增长，这直接促使康养供应链规模快速扩张。

三是国别间老龄化的进程有所差别，尤其是以中国为代表的发展中国家面临“未富先老”的挑战。例如，2000 年中国 65 岁以上人口占总人口的比例为 6.96%，截至 2023 年末，该比例为 15.4%。短期内快速老龄化导致康养资源供给出现了明显的缺口，仅 2021 年中国养老床位缺口达 400 万张。而对于同期的欧洲，德国、意大利等国家虽老龄化程度更深，65 岁以上的人口占比超过 22%，但其人均 GDP 是中国的 3 ～ 4 倍，康养服务体系的成熟度也更高，供应链标准化与专业化优势显著。因此，我国面临的康养需求现状是未曾做好充分准备而人口老龄化趋势陡然而至。

（三）康养需求的全球空间重构

在全球不同区域，由于老龄化程度、社会经济状况、文化背景等方面存在差异，康养需求也呈现出显著的差异化特征，这些特征因老龄化的情形差异而与康养需求深度锁定。

一是深度老龄化倒逼供应链升级。拿具有代表性的日本而言，截至 2024 年 9 月，日本 65 岁以上的人口占比为 29.3%，已经被界定为超老龄化社会。这种劳动力极其短缺的局面，催生了 PARO 治疗海豹等形式的机器人护理方式及 AI 健康监测等智慧康养技术的应用，从而推动康养供应链向“技术替代人力”方向转型。

二是“高龄化集群”推动社区养老发展。现阶段欧洲的意大利、希腊、葡萄牙等国 80 岁以上人口占比超 10%，呈现出“高龄化集群”的态势，推动了居家养老与社区护理融合模式的普及，同时也对药品冷链、远程医疗、适老化家居的供应链精细化提出了更高的要求。

三是发展中国家结构性矛盾下的供应链失衡。发展中国家在全球占有最大比例，相应的，以中国、印度、南非为代表的发展中国家，各有其特点。面临“未富先老”挑战的中国，其人均医疗支出不足美国的 1/20，基层康养设施覆盖率低，城乡供应链断层明显，城市智慧养老试点与农村传统家庭养老并存，还需深入研究和变革康养体系。走差异化路径的印度，其老龄化程度较低，65 岁以上人口仅占 6%，预计到 2050 年可达 14%，这也是印度对于经济发展雄心勃勃的主要原因之一。但印度区域发展不均衡，亦需提前布局“普惠型”康养供应链，避免重复资源错配。非洲有望勾勒出未来潜在市场的图景。当前，撒哈拉以南非洲地区人口仍以年轻群体为主，中位年龄为18 岁。然而，随着城市化进程推进以及生育率持续下降，预计到 2050 年，该地区老年人口数将增至 2.1 亿。因此，从长远战略眼光出发，非洲未来应重点布局区域性医疗物流枢纽建设，加大低成本康养技术研发投入，这些举措将成为构建当地供应链战略布局的关键着力点。

（四）对康养供应链的启示

全球老龄化趋势为康养产业带来了巨大的机遇和挑战。一方面，老龄化社会对康养服务的需求不断增加，客观上推动了医疗、养老、康复和健康管理等多领域产业的融合发展；另一方面，区域差异也要求康养供应链必须具备足够的灵活性和适应性，以应对不同地区的多样化需求。可能产生的挑战包括需求端分化，即发达国家聚焦个性化、智能化服务的“提质”，而发展中国家亟须在基础设施覆盖与成本控制方面“扩面”；在供应端响应方面，由于区域间劳动力成本、技术渗透率、政策支持等的差异，要求供应链采取“梯度化”的构建策略，譬如欧洲研发、亚洲制造、本地化服务等；在风险预警方面，需高度警惕高龄人口密集区的突发公共卫生事件，譬如新冠疫情中的养老院死亡率超平均值，暴露出供应链的韧性短板，亟须强化应急物流与资源储备体系建设。

在全球化背景下，国际康养供应链的构建需要充分考虑老龄化趋势的全球性特征，通过资源共享、技术合作和模式创新，实现康养服务的高效交付和可持续发展。康养体系及供应链的国别间差异，也为兼收并蓄和博采众长提供了比较学习的机会，这对于我国的康养供应链构建亦有积极意义。

二、中国老龄化现状

中国作为人口大国，其人口老龄化问题具有规模大、速度快、高龄化、城乡失衡等特点。这些特征不仅给社会经济发展带来了深远影响，也对康养供应链的构建与管理提出了新的挑战和机遇。本部分将从“未富先老”、城乡失衡、慢性病负担和高龄化趋势等四个方面，深入探讨中国老龄化的现状及其对康养供应链的影响。

（一）“未富先老”

经济与老龄化呈现错位现象。“未富先老”是中国老龄化的一个重要特征，指的是在经济发展尚未达到较高水平时，人口老龄化已经快速到来。这与发达国家在经济高度发达后才进入老龄化社会的路径形成鲜明对比。

一是经济发展水平与老龄化程度的错位。根据《人口研究》杂志的研究，中国在20世纪90年代就已进入“未富先老”状态，尽管近年来这种状况有所改善，但整体上仍处于从“未富先老”向“老富基本协同”过渡的阶段。2023年数据显示，中国65岁及以上人口占比已达15.4%，而人均国民收入和人类发展指数（HDI）仍低于发达国家水平。

二是对康养供应链产生影响。“未富先老”使得中国在应对老龄化时面临更大的经济压力。一方面，养老保障体系尚不完善，养老金储备不足，收支平衡压力较大；另一方面，社会养老服务供给不足，尤其是在农村和经济欠发达地区，康养资源匮乏，难以满足老年人的多样化需求。

（二）城乡失衡

老龄化与区域发展不协调。中国老龄化呈现出明显的城乡倒置现象，即农村老龄化程度高于城市，且差距不断扩大。

一是城乡老龄化程度差较大。2023年数据显示，中国农村65岁及以上人口占比已达 19.3%，远高于城镇的 12.0% 和 13.3%。这种城乡倒置现象主要源于农村青壮年劳动力向城市转移，导致农村老年人口比例上升。

二是对康养供应链产生影响。城乡失衡加剧了养老服务的区域不平衡。农村地区养老服务设施不足，专业护理人员短缺，医疗资源匮乏，难以满足老年人的基本康养需求。相比之下，城市地区虽然资源相对丰富，但也面临着高龄化、空巢化等问题，对康养服务的精细化和专业化提出了更高要求。

（三）慢性病负担

老龄化为国民健康带来挑战。随着老龄化程度的加深，慢性病已成为影响老年人健康的主要问题，给医疗和社会保障体系带来了沉重负担。

一是慢性病呈现高发态势。据统计，中国 60 岁及以上老年人慢性病患病率高达 75% 以上，常见的慢性病包括心血管疾病、糖尿病、高血压、阿尔茨海默病等。这些慢性病不仅需要长期的医疗干预，还增加了老年人的生活照料需求。

二是对康养供应链产生影响，慢性病的高发对康养供应链提出了更高的要求。一方面，医疗服务需要从传统的疾病治疗向慢性病管理转变，强调预防、康复和健康管理的结合；另一方面，康养供应链需要整合医疗、护理、康复等资源，提供一站式、连续性的康养服务。

（四）高龄化趋势

长寿与养老构成了双重挑战。在老龄化社会中，高龄化是一个较为关键的特征，具体表现为 80 岁及以上高龄老年人口在总人口中的占比持续攀升。

一是高龄化趋势加剧。2023 年，中国 80 岁及以上高龄老年人口接近 4000 万，约占总人口的 2.7%；预计到 2050 年，高龄老年人口占比将超过 10%。高龄老年人身体机能下降，失能、半失能比例增加，对养老护理和医疗支持的需求更为迫切。

二是对康养供应链产生影响。高龄化对康养供应链提出了双重挑战：一方面，需要增加养老护理设施和服务供给，尤其是针对失能、半失能老年人的专业护理；另一方面，需要优化医疗资源配置，提高康复、临终关怀等服务的质量。

中国老龄化现状呈现出“未富先老”、城乡失衡、慢性病负担重和高龄化趋势加剧等特征，这些特征对康养供应链的构建与管理提出了严峻挑战。在“未富先老”的背景下，康养供应链需要在有限的资源下实现高效运作；城乡失衡要求康养服务的区域协调与均衡发展；慢性病负担和高龄化趋势则需要康养供应链提供更加精细化、专业化的服务。未来，中国需要通过政策引导、技术创新和资源整合，构建适应老龄化需求的康养供应链体系，以应对人口老龄化带来的各种挑战。

三、康养需求的多元化分层

在老龄化社会背景下，康养需求呈现出复杂多变且多元分层的特点。随着人口老龄化的加剧，老年人的健康和生活需求不再局限于单一的医疗服务，而是涵盖了医疗、养老、康复、健康管理等多个层面。这种多元化分层的康养需求，不仅对康养服务的供给提出了更高的要求，也为康养供应链的逻辑重构提供了重要的依据。本部分将从医疗、养老、康复和健康管理四个角度，深入探讨康养需求的多元化分层特征，为后续康养供应链的构建与优化奠定基础。

（一）医疗需求

医疗领域呈现出对精准化与个性化的高需求。一是慢性病管理的突出需求随着人群年龄增长而增加，老年人患慢性病的概率显著增加，如心血管疾病、糖尿病、高血压、阿尔茨海默病等。这些慢性病需要长期的医疗干预和管理，包括定期的检查、药物治疗、病情监测等。在老龄化社会中，慢性病管理成为医疗需求的重要组成部分。例如，一位患有糖尿病的老年人，需要定期到医院进行血糖检测、调整药物剂量，并接受医生关于饮食和运动的指导。这种长期且持续的医疗需求，对康养供应链中的医疗服务环节提出了精准化的要求，即医疗服务需要能够根据老年人的个体健康状况，提供针对性的慢性病管理方案。

二是个性化医疗服务的兴起。老年人的身体状况和健康需求存在显著差异，因此，个性化的医疗服务成为康养需求的重要趋势。个性化医疗服务不仅包括根据患者的病情制定个性化的治疗方案，还涉及医疗服务的环境、方式和时间等方面。例如，一些老年人可能因为行动不便，需要在家中接受医疗服务；而另一些老年人则可能更注重医疗服务的舒适性和便捷性，如在社区医院或家庭医生的模式下接受医疗服务。这种个性化医疗服务的需求，要求康养供应链能够整合医疗资源，提供多样化的医疗服务模式，以满足老年人的不同需求。

（二）养老需求

养老需求从传统向多元变化。一是居家养老与社区养老占主导地位。在许多国家和地区，居家养老和社区养老仍然是老年人的主要养老方式。居家养老强调老年人在自己熟悉的环境中生活，同时获得必要的生活照料和护理服务。社区养老则通过社区服务中心、日间照料中心等机构，为老年人提供生活支持、社交活动和康复护理等服务。例如，在一些社区，老年人可以在日间照料中心接受专业的康复训练，同时参与社区组织的文艺活动，丰富晚年生活。这种养老方式不仅符合老年人的生活习惯，还能够充分利用社区资源，降低养老成本。然而，居家养老和社区养老也面临着一些挑战，如专业护理人员的短缺、服务设施的不足等。因此，康养供应链需要在养老资源的配置和整合方面发挥重要作用，以满足居家养老和社区养老的需求。

二是机构养老的多元化发展随着老龄化程度的加深，机构养老的需求也在不断增加。机构养老包括养老院、老年公寓、护理院等多种形式。近年来，机构养老呈现出多元化的发展趋势，从传统的养老院模式向高端养老社区、医养结合机构等方向发展。例如，一些高端养老社区不仅提供舒适的居住环境和丰富的休闲娱乐设施，还配备了专业的医疗团队和康复设备，为老年人提供全方位的康养服务。这种多元化发展的机构养老模式，反映了老年人对养老品质和生活质量的更高要求。康养供应链需要在机构养老的资源配置、服务标准制定和运营管理等方面进行优化，以适应机构养老多元化发展的需求。

（三）康复需求

康复需求侧重全面化与专业化。一是康复服务需全面覆盖。康复是康养需求的重要组成部分，对于老年人的身体功能恢复和生活质量提升具有重要意义。康复服务的范围广泛，包括物理治疗、作业治疗、言语治疗、心理康复等。例如，一位中风后的老年人需要接受物理治疗来恢复肢体功能，同时可能还需要言语治疗来改善语言表达能力。在老龄化社会中，康复服务需要全面覆盖老年人的各种康复需求，从急性期的康复到慢性期的康复，从身体功能的恢复到心理状态的调整。这种全面覆盖的康复需求，要求康养供应链能够整合不同类型的康复资源，提供一站式、连续性的康复服务。

二是康复服务的专业化程度不断提升。随着康复医学的不断发展，康复服务的专业化程度也在不断提高。康复治疗需要专业的设备、技术和人员，以确保康复效果的最大化。例如，在康复训练中，使用先进的康复设备可以更精准地评估老年人的身体功能状态，并制定个性化的康复方案。同时，康复治疗师的专业水平也直接影响康复服务的质量。因此，康养供应链需要在康复服务的专业化方面进行投入，包括引进先进的康复设备、培养专业的康复人才、建立规范的康复服务流程等，以满足老年人日益增长的专业化康复需求。

（四）健康管理需求

健康管理落脚于预防与干预。一是健康预防的重要性。健康管理是康养需求的基础，其核心在于预防疾病和促进健康。在老龄化社会中，健康预防的重要性日益凸显。通过健康教育、健康体检、生活方式干预等措施，可以有效降低老年人患病的风险，提高生活质量。例如，定期的健康体检可以帮助老年人及时发现潜在的健康问题，如高血压、高血脂等，并通过调整生活方式进行干预。健康预防不仅有助于减少医疗资源的消耗，还能够提升老年人的生活满意度。康养供应链需要在健康预防方面发挥积极作用，通过整合健康教育资源、优化健康体检服务、推广健康生活方式等方式，构建全方位的健康预防体系。

二是健康干预的个性化与持续性。健康管理不仅包括健康预防，还包括对已患病老年人的健康干预。健康干预需要根据老年人的个体健康状况，制定个性化的干预方案。例如，对于一位患有多种慢性病的老年人，健康管理师需要综合考虑其病情、生活习惯、心理状态等因素，制定个性化的饮食、运动和心理干预方案。同时，健康干预还需要具有持续性，通过长期的跟踪和管理，确保老年人的健康状况得到改善。康养供应链需要在健康干预的个性化和持续性方面进行优化，通过建立健康管理平台、整合医疗和护理资源、培养专业的健康管理人才等方式，为老年人提供高质量的健康干预服务。

在老龄化社会背景下，康养需求呈现出多元化分层的特点，涵盖了医疗、养老、康复和健康管理等多个层面。这种多元化分层的康养需求，对康养供应链的构建和优化提出了新的挑战和机遇。通过对康养需求的深入分析，可以为康养供应链的逻辑重构提供重要的依据，从而更好地满足老年人的健康和生活需求。在后续章节中，笔者将进一步探讨康养供应链的基础框架以及如何通过实践、技术和方法等方面的创新，实现康养供应链的高效运行和可持续发展。

四、老龄化对供应链的挑战

人口老龄化是全球性趋势，而中国作为世界上人口老龄化规模最大的国家之一，其老龄化问题尤为突出。老龄化不仅对社会经济结构产生了深远影响，也对康养供应链的管理提出了诸多挑战。在老龄化背景下，康养供应链需要应对时效性、安全性、普惠性、资源配置以及服务质量等多方面的压力。本部分将从这五个方面展开，探讨老龄化对康养供应链的具体挑战，并结合全书主题，为后续章节的理论与实践研究提供背景支持。

（一）时效性要求

老龄化对康养供应链的快速响应与动态调整提出了很高的要求。一是老年人需求具有即时性。老年人的身体状况往往较为脆弱，对康养服务的需求具有较强的即时性。例如，突发疾病的急救、慢性病的定期护理以及康复治疗等，都需要康养供应链能够快速响应。然而，当前的康养服务在时效性方面仍存在不足，尤其是在偏远地区和农村，急救响应时间长、康复服务不及时等问题较为突出。

二是供应链的动态调整能力尚显不足。老龄化社会中，老年人的需求会随着健康状况的变化而动态调整。康养供应链需要具备灵活调整资源分配和服务内容的能力。例如，一位老年人可能在短期内从康复护理需求转变为长期护理需求，供应链需要能够快速响应这种变化。然而，目前的康养供应链在动态调整方面仍面临技术、管理和资源分配等多方面的限制。

康养供应链需要引入数字化和智能化技术，提升信息传递和资源调配的效率。例如，通过物联网技术实时监测老年人的健康状况，提前预警并快速响应需求变化；同时，优化物流配送网络，确保康养产品和服务能够及时送达。

（二）安全性要求

康养供应链需要保障老年人的健康底线。一是存在康养服务质量与安全风险。老年人的身体机能下降，对康养服务的质量和安全性要求极高。然而，当前康养服务市场存在质量参差不齐的问题，部分养老机构和医疗服务提供商存在安全隐患。例如，康复设备的使用不当、护理人员的专业素质不足以及食品安全问题等，都可能对老年人的健康造成威胁。

二是供应链某些环节构成安全性挑战。康养供应链涉及多个环节，包括医疗服务、护理服务、康复设备供应、食品配送等。每个环节都可能成为安全风险的来源。例如，康复设备的质量问题可能导致老年人身体损伤；食品配送的延误可能导致食品变质引发健康问题。

为了保障老年人的安全，康养供应链需要建立严格的质量监控和安全管理体系。从供应商的选择到服务的交付，每个环节都需要进行标准化管理。例如，引入区块链技术记录供应链的全流程信息，确保可追溯性和透明度；同时，加强对从业人员的培训，提升其专业素质。

（三）普惠性要求

康养供应链的资源分配与服务覆盖尚不足。一是呈现城乡差距与区域不平衡。 中国老龄化呈现出明显的城乡倒置现象，农村地区老龄化程度更高，但康养资源却相对匮乏。城乡之间在医疗服务、养老设施、康复设备等方面的差距较大，导致农村老年人难以享受到高质量的康养服务。

二是经济负担与服务可及性欠缺。康养服务的成本较高，尤其是医养结合、康复护理等服务，对许多家庭来说是沉重的经济负担。如何在有限的资源下实现康养服务的普惠性，是当前亟待解决的问题。

为了实现普惠性，康养供应链需要优化资源配置，提升服务效率。例如，通过政府补贴和社会资本的参与，降低康养服务的成本；同时，利用数字化技术优化服务流程，减少中间环节的成本。此外，推动康养服务的分级分类管理，根据不同地区和人群的需求，提供差异化的服务。

（四）资源配置要求

供需失衡与效率低下的挑战。一是现阶段供需失衡，老龄化加剧了康养服务的供需矛盾。一方面，老年人对康养服务的需求不断增加，尤其是对医疗、康复、护理等专业服务的需求；另一方面，康养资源的供给严重不足，尤其是在高龄化和慢性病患者群体中。

二是资源配置效率低下，当前的康养供应链存在资源配置不合理的问题。例如，部分地区的养老机构和康复中心设备闲置，而另一些地区则资源短缺。这种供需失衡不仅导致资源浪费，也影响了老年人的康养体验。

为了解决资源配置问题，康养供应链需要引入系统动力学和大数据分析技术，精准预测老年人的需求，并优化资源分配。例如，通过建立区域康养资源调配中心，实现医疗设备、护理人员等资源的共享；同时，推动康养服务的标准化和模块化，提升资源配置的灵活性。

（五）服务质量要求

专业化与个性化服务面对挑战。一是服务质量参差不齐。康养服务的质量直接影响老年人的生活质量和健康水平。然而，当前康养服务市场存在服务质量参差不齐的问题，部分机构和企业缺乏专业资质和服务标准。

二是个性化服务的缺失。老年人的身体状况和康养需求存在显著差异，需要个性化的服务方案。然而，目前的康养服务大多采用标准化模式，难以满足老年人的个性化需求。

三是对供应链管理的启示。为提升服务质量，康养供应链需要建立严格的服务标准和质量评价体系。例如，引入模糊决策理论和人工智能技术，对服务质量进行动态评估和优化；同时，推动康养服务的个性化定制，根据老年人的健康状况和需求，提供差异化的服务。

本节小结

老龄化对康养供应链提出了多方面的挑战，包括时效性、安全性、普惠性、资源配置和服务质量等。这些挑战不仅影响了老年人的康养体验，也制约了康养产业的可持续发展。在后续章节中，我们将进一步探讨康养供应链的基础框架、全球经验与中国探索、数字化与适老化技术创新以及模糊决策方法的应用，为应对老龄化挑战提供理论支持和实践路径。通过优化康养供应链管理，我们有望实现康养服务的高效、安全、普惠和高质量发展，为积极应对人口老龄化贡献力量。

第二节　康养供应链的基础框架

一、供应链管理的演进

供应链管理（supply chain management，SCM）是现代企业管理的重要组成部分，其发展历程反映了全球经济一体化、技术进步以及市场需求变化的深刻影响。在老龄化背景下，康养供应链管理的兴起不仅是对传统供应链管理理论的拓展，也是应对人口老龄化挑战的必然选择。本部分将从供应链管理的概念产生、发展阶段、技术驱动以及理论创新四个方面展开，梳理供应链管理的演进脉络，并探讨其与康养供应链管理的内在联系。

（一）供应链管理的概念产生

一是关于早期物流管理的萌芽。供应链管理的概念最早可以追溯到 20 世纪初的物流管理。当时，企业的主要关注点是货物的运输和仓储，以确保原材料的及时供应和产品的高效配送。例如，亨利·福特在汽车生产中引入的流水线作业模式，就是早期供应链管理思想的体现。这种模式强调生产过程的连续性和效率，为后续供应链管理的发展奠定了基础。

二是从物流到供应链的转变。20 世纪 60 年代至 70 年代，随着全球经济的快速发展和市场竞争的加剧，企业开始意识到物流管理的重要性。这一时期，物流管理从简单的运输和仓储扩展到采购、生产、销售等环节的协调。1982 年，美国物流管理协会（CLM）正式更名为美国供应链管理专业协会（CSCMP），标志着“供应链管理”概念的正式诞生。

三是厘清供应链管理的定义。供应链管理被定义为“对供应链涉及的全部活动进行计划、组织、协调与控制，以最小的成本将原材料转化为最终产品，并送到客户手中”。这一定义强调了供应链的整合性和协同性，即通过优化各环节的资源配置，实现整体效率的提升。

（二）供应链管理的发展阶段

一是初级阶段：物流管理的优化（20 世纪初—20 世纪 70 年代）。在这一阶段，供应链管理主要集中在物流环节的优化，包括运输、仓储和库存管理。企业通过优化运输路线、降低库存成本等方式，提高物流效率。例如，丰田汽车的“精益生产”模式，通过减少库存和浪费，实现了生产效率的大幅提升。

二是发展阶段：供应链的整合（20 世纪 80—90 年代）。随着信息技术的发展，企业开始将供应链管理从物流扩展到采购、生产、销售等环节的整合。这一时期，企业资源计划（ERP）系统开始广泛应用，通过信息共享和流程优化，实现了供应链各环节的协同。例如，戴尔电脑通过直接销售模式和高效的供应链管理，实现了零库存运营。

三是成熟阶段：全球化与协同化（21 世纪最初 10 年）。21 世纪初，随着全球化的加速，供应链管理进入全球化和协同化阶段。企业通过外包和战略联盟，整合全球资源，优化供应链布局。例如，苹果公司通过与全球供应商的合作，实现了产品的高效生产和快速交付。

四是智能化阶段：数字化与智能化（2010 年至今）。随着大数据、物联网、人工智能等技术的发展，供应链管理进入智能化阶段。企业通过数字化技术实现供应链的可视化、智能化决策和动态优化。例如，亚马逊通过智能仓储和物流系统，实现了订单的快速处理和精准配送。

（三）供应链管理的技术驱动

一是信息技术的推动。信息技术是供应链管理发展的核心驱动力。从早期的电子数据交换（EDI）到现代的物联网（IoT）、大数据和人工智能，信息技术不断推动供应链管理的智能化和高效化。例如，通过物联网技术，企业可以实时监控货物的运输状态和仓储环境，提高供应链的透明度。

二是数字化转型的加速。近年来，数字化转型成为供应链管理的重要趋势。企业通过建立数字化平台，实现供应链各环节的信息共享和协同运作。例如，阿里巴巴通过其供应链平台，整合了全球供应商和零售商，实现了高效的供需匹配。

三是智能化决策的支持。人工智能和机器学习技术为供应链管理提供了智能化决策支持。通过数据分析和预测模型，企业可以优化库存管理、预测需求变化，并动态调整供应链布局。例如，京东通过智能供应链系统，实现了精准的库存管理和高效的物流配送。

（四）供应链管理的理论创新

一是协同理论。协同理论强调供应链各环节之间的合作与协调，通过信息共享和资源整合，实现整体效率的提升。例如，丰田汽车通过与供应商的紧密合作，实现了零部件的准时供应和质量控制。

二是敏捷供应链理论。敏捷供应链理论关注供应链的灵活性和响应速度，强调通过快速调整资源配置和优化流程，应对市场需求的变化。

三是绿色供应链理论。随着环保意识的增强，绿色供应链理论应运而生。该理论强调在供应链管理中引入环保理念，通过优化物流配送、减少包装浪费等方式，降低对环境的影响。例如，宜家通过优化包装设计和运输方式，实现了供应链的绿色化。

四是智慧供应链理论。智慧供应链理论是近年来的新兴研究方向，强调通过数字化和智能化技术实现供应链的高效运作和动态优化。例如，通过区块链技术，企业可以实现供应链的全程追溯和信息透明化。

供应链管理的演进历程反映了全球经济一体化、技术进步和市场需求变化的深刻影响。从早期的物流管理到现代的智能化供应链，供应链管理不断向整合化、协同化和智能化方向发展。在老龄化背景下，康养供应链管理的兴起不仅是对传统供应链管理理论的拓展，也是应对人口老龄化挑战的必然选择。通过引入协同理论、敏捷供应链理论、绿色供应链理论和智慧供应链理论，康养供应链管理可以更好地应对老年人的多样化需求，提升服务质量和效率。

二、康养供应链的独特性

随着人口老龄化加剧，康养供应链的重要性日益凸显。其独特性在于高度的服务导向性、复杂的风险管理和多主体协同合作。康养供应链以满足老年人多元化康养需求为核心，涵盖医疗、养老、康复和健康管理等领域，强调需求导向、资源整合和服务闭环。同时，其高风险性体现在医疗合规、冷链安全和应急响应等方面，直接关系到老年人的生命安全和服务质量。此外，康养供应链涉及医疗机构、药企、养老机构、社区和家庭等多主体的协同合作，需要通过信息共享和资源整合打破壁垒，形成高效的服务网络。这些特点使得康养供应链的优化和管理面临诸多挑战，也为其创新发展提供了方向。

（一）服务主导型供应链

设计康养供应链的核心目标是满足老年人的多元化康养需求，包括医疗、养老、康复和健康管理等。与传统供应链不同，康养供应链的服务属性更为突出，其设计必须以服务交付为导向。

服务主导型供应链设计强调以下几点：

一是需求导向，康养供应链的运作需要以老年人的康养需求为核心，通过精准的需求预测和个性化服务设计，满足不同层次、不同场景的康养需求。

二是资源整合，康养供应链需要整合医疗机构、药企、养老机构、社区和家庭等多主体资源，构建一个协同化、一体化的服务网络，以实现资源的高效配置和共享。

三是服务闭环，康养供应链不仅关注服务的交付，还注重服务过程中的反馈和优化，通过建立服务闭环，提升服务质量和客户满意度。

（二）高风险性

康养供应链的高风险性主要体现在以下几个方面：

一是医疗合规风险。康养服务涉及医疗设备、药品和康复治疗等多个领域，其合规性要求极高。例如，药品的采购、储存和运输必须符合严格的法规标准，任何违规行为都可能导致严重的医疗事故和法律责任。

二是冷链安全风险。冷链药品和生物制品在康养服务中占有重要地位，其冷链安全直接关系到药品的有效性和安全性。冷链药品在运输和储存过程中需要严格控制温度和湿度，一旦出现冷链中断，可能导致药品失效甚至引发医疗事故。

三是应急响应风险。在老龄化社会中，突发疾病的急救需求和公共卫生事件的应急响应需求不断增加。康养供应链需要具备快速响应能力，确保急救药品、医疗设备和康复资源的及时供应，以保障老年人的生命安全。

（三）多主体协同

康养供应链的复杂性在于其涉及多个主体的协同合作。各主体在康养供应链中扮演着不同的角色，但又相互依存、相互协作。一是医疗机构。作为康养服务的核心提供者，医疗机构负责疾病诊断、治疗和康复指导，是康养供应链的上游环节。二是药企。药企负责药品的研发、生产和供应，其药品质量和供应稳定性直接影响康养服务的质量。三是养老机构。养老机构为老年人提供生活照料、护理服务和康复训练，是康养服务的重要承接者。四是社区。社区在康养供应链中起到桥梁作用，通过整合社区资源，为居家养老的老年人提供就近的医疗服务、康复设备和护理用品供应。五是家庭。家庭是康养服务的最终消费场景，家庭成员对康养服务的需求感知和反馈直接影响康养供应链的优化和调整。多主体协同的实现需要通过信息共享、资源整合和机制创新，打破各主体之间的壁垒，形成一个高效、协同的康养服务网络。

三、物流在康养供应链中的核心角色

（一）物流是服务触达的“最后一公里”

物流在康养供应链中扮演着至关重要的角色，是康养服务触达老年人的“最后一公里”。在老龄化社会中，康养服务的及时性和便捷性直接依赖于物流配送的效率和质量。例如，居家养老场景下，药品、护理用品和康复设备的即时配送需求不断增加，物流配送的及时性直接影响老年人的生活质量和健康状况。此外，物流配送的便捷性也影响老年人对康养服务的接受度和满意度。

（二）物流网络与老龄化需求的空间匹配

康养供应链的物流网络设计需要充分考虑老龄化需求的空间分布特征。中国老龄化呈现出区域差异和城乡失衡的特点，因此物流网络需要根据不同地区的康养需求密度和服务需求类型精准对焦各地实际，优化布局。例如，在城市地区，可以通过建立社区物流配送中心，实现高频次、小批量的即时配送；在农村地区，可以通过整合县、乡、村三级仓储和配送网络，解决农村养老资源匮乏和配送成本高的问题。

（三）物流网络的智能化与柔性化

随着技术的发展，智能化和柔性化成为康养供应链物流网络的重要发展方向。智能化物流技术，如物联网、大数据和人工智能，可以实现物流过程的全程可视化和动态优化，提升物流配送的效率和安全性。柔性化物流网络则可以根据康养需求的变化，灵活调整配送计划和资源分配，实现资源的高效利用和服务的精准交付。

（四）物流服务的适老化设计

在康养供应链中，物流服务需要充分考虑老年人的需求特点，进行适老化设计。例如，物流配送可以采用语音下单、一键呼叫等适老化交互方式，降低老年人使用物流服务的复杂度。此外，物流配送人员也需要具备一定的康养知识和应急处理能力，以应对服务过程中老年人的突发状况。

本节小结

本节从康养供应链的基础框架出发，探讨了供应链管理的演进、康养供应链的独特性以及物流在康养供应链中的核心角色。通过分析服务交付导向的供应链特征、康养供应链的高风险性和多主体协同模式，揭示了康养供应链在老龄化背景下的独特性和复杂性。同时，通过强调物流在康养服务触达中的关键作用，为后续章节中康养供应链的实践探索和技术支撑奠定理论基础。

第二章 实践篇：全球经验与中国探索

第一节 国际康养供应链模式借鉴

一、日本的精细化养老物流体系

日本作为全球老龄化社会的典型代表，截至2023年，65岁以上人口占比达29.3%。其康养供应链体系以精准化服务、多主体协同和数字化渗透为核心特征，形成了覆盖“需求识别—资源整合—服务交付”全链条的成熟模式。本节以日本养老物流体系为研究对象，分别从制度驱动、物流网络、技术创新、企业实践、社会参与等角度系统分析其运行机制，为中国康养供应链的本土化探索提供参考。

（一）制度驱动：政策保障与多方协同机制

一是长期护理保险制度为供应链赋能。日本2000年实施的《介护保险法》将养老服务体系从“家庭责任”转向“社会共担”，实施强制保险筹资机制，即要求 40 岁以上国民缴纳保费，覆盖 90% 的护理服务成本。这一制度直接推动了康养供应链的市场化运作。在需求标准化方面，政府将护理服务细分为七大类 280 项，如上门护理、康复辅具租赁等，明确服务内容与定价标准，为供应链服务商提供清晰的市场准入指引。在资源整合构建资源池方面，保险公司与地方政府联合建立“区域综合护理中心”，整合区域内医疗机构、物流企业、养老设施等资源，形成“15 分钟应急响应网络”。例如，东京都江东区通过该中心实现药品配送时效从 4 小时缩短至 1.5 小时。

二是政企协同开展数据共享。日本通过《个人信息保护法》与《医疗数据共享指南》，在保障隐私的前提下打通医疗机构、物流企业与养老机构的数据壁垒。例如，大阪府开发的“银发物流平台”可实时共享老年人的处方药需求、营养餐配送要求及健康监测数据。基于这些实时且精准的信息，物流企业得以灵活、动态地对配送路径进行优化，从而更高效地满足老年人的康养物流需求，提升服务质量。

（二）物流网络：高频次、高弹性的配送体系

一是构建“三级节点 + 毛细血管”网络布局。结合便利店、药局等毛细血管终端，形成全覆盖网络。建立中央枢纽，在全国设立东京羽田、大阪关西等 12 个综合物流基地，负责跨区域药品、医疗器械的大宗配送。建立社区站点，依托 7-11、Lawson 等品牌设立在全日本超 5.5 万家的便利店，提供 24 小时应急物资存取服务。例如，7-11 与雅虎日本合作推出“银发急送”服务，老年人在线下单后，商品可从最近便利店 30 分钟内送达。

二是运用动态路由算法进行弹性运力调配。雅玛多运输等日本物流企业开发了基于 AI 的“康养专用路由算法”，该算法的特点——（1）优先级分层：将配送需求按紧急程度分为 4 个级别（如急救药品为 1 级，日常护理品为 3 级），系统自动分配运力资源。（2）弹性运力池：整合出租车、快递员、社区志愿者等非专业运力，通过区块链技术实现任务派发与信用追溯。例如，福

冈市在台风期间通过该模式完成 1.2 万单独居老人的物资配送。

（三）技术创新：数字化与适老化融合

一是将智能硬件应用于末端配送。以应用护理机器人为例，松下公司开发的“HOSPI”机器人可在养老院内自主配送药品，通过 UWB 定位技术实现厘米级精度，日均配送量达 200 次 / 台。以应用无人配送车为例，软银集团与永旺超市合作的自动驾驶配送车，在神奈川县试点“最后一公里”生鲜配送，车内配备温湿度双控舱体与跌倒监测传感器。

二是构建数据驱动的需求预测模型。日本企业通过融合医疗数据与消费行为数据，构建老年人需求预测模型，如东丽公司开发的“健康画像”系统，整合穿戴设备数据、电子病历与购物记录，可预测未来两周的护理用品需求（准确率达 92%），并自动生成补货订单。在开展动态库存管理方面，连锁药局 Welcia 采用 RFID 技术，实现货架级库存监控，系统可依据季节性疾病高发期（如冬季流感）自动调整常备药储备量。

（四）企业实践：跨界融合与服务延伸

一是零售企业实现康养转型。以 7-11 为例，对产品进行适老化改造，开发低糖质便当、易撕包装食品等七大品类 230 种商品，占其 SKU 总量的 15%。进一步实现服务功能叠加，门店增设血压测量、远程问诊终端，并与宅急便合作开展“护理用品回收—翻新—再配送”循环服务。

二是物流企业纵向整合。以雅玛多为例，构建冷链医药专网，建立－25℃至 8℃的多温层配送体系，配备温度波动自补偿装置，确保胰岛素等生物制剂的运输安全。在社区设立嵌入式仓储，在老龄化社区设置微型前置仓（约 $20m^2$），储备应急药品、纸尿裤等 30 种高频需求品，实现 5 分钟极速达。

（五）社会参与：银发人力资源的供应链激活

日本通过“时间银行”“老年人才中心”等机制，将健康老年人纳入康养供应链。一方面培养配送辅助员，65～75 岁老年人经培训后参与社区配送，利用其熟悉地形的优势提升效率，如东京足立区配送时效提升 40%。另一方面培养质量监督员，组建“银发品控小组”，对养老餐食口味、护理用品舒适度等进行体验反馈，直接参与供应链优化。

二、美国的医药供应链整合与市场化创新

美国作为全球医药供应链市场化程度最高的国家之一，其康养供应链体系以垂直整合、数据驱动和资本赋能为核心特征，形成了“以患者为中心、以效率为导向”的运作模式。本节聚焦美国医药供应链的整合机制与创新实践，分别从政策框架与市场机制、垂直整合模式、技术创新与数据赋能、市场化创新模式、社区协作网络等角度，系统解析其市场化运行逻辑，为中国康养供应链的效能提升提供启示。

（一）政策框架与市场机制：自由竞争与监管平衡

一是重视联邦法规与市场化导向。美国通过《药品供应链安全法案》（DSCSA）和《联邦食品、药品和化妆品法案》（FD&C Act）构建了医药供应链的基本规则。（1）追溯体系强制化：要求药品从生产到终端实现全链条电子追溯（如采用 EPCIS 标准），2023 年 FDA 数据显示，药品流通环节的可追溯率已达 98%。（2）价格市场化机制：医保支付方（如 Medicare、商业保险公司）与药企、分销商通过自由谈判确定价格，形成“批发商—药房福利管理公司（PBM）—零售药房”三级流通体系。

二是注重反垄断与供应链弹性保障。针对供应链过度集中风险，美国司法部通过《反托拉斯法》限制医药流通企业的市场份额（如 Mc Kesson、

Cardinal Health、Amerisource Bergen 三大巨头合计市场占有率不得超过 85%），并通过《国防生产法》授权政府在国家紧急状态下优先调配关键药品产能。

（二）垂直整合模式：从制药到终端的全链条协同

一是推动“药企—分销商—药房”的资本融合。美国医药供应链通过资本并购实现深度整合。例如，CVS Health 的“Aetna+PBM+ 零售药房”模式，即收购安泰保险后，CVS 将保险支付、处方流转与药房服务整合，患者从诊疗到取药的周期缩短 60%。又如，亚马逊的医药电商渗透，即通过 PillPack（现为 Amazon Pharmacy）提供慢性病药物分剂量包装与自动续订服务，2023 年其老年用户占比达 42%。

二是构建冷链物流的专业化网络。美国医药冷链物流以“多温层精准控制”为特色。例如，Mc Kesson 的 Super Cold 链，即提供－80℃（疫苗）、－20℃（生物制剂）、2～8℃（胰岛素）三温区运输，采用物联网实时监测与自修复温控技术，断链风险低于 0.03%。又如，UPS Healthcare 的航空枢纽网，即在路易斯维尔（世界港枢纽）设立专用医药空运中心，实现 48 小时内覆盖全美 90% 区域的紧急药品配送。

（三）技术创新与数据赋能：数字化重构供应链效率

一是开展区块链驱动的透明化追溯。例如，Medi Ledger 项目，由辉瑞、强生等药企与沃尔玛联合开发，基于区块链的药品溯源系统可将假药识别时间从 14 天压缩至 2 秒，2023 年已覆盖全美 82% 的处方药流通。又如，智能合约应用，药品库存数据自动触发补货订单并完成支付结算，沃尔格林药房的库存周转率因此提升 35%。

二是应用人工智能与预测性供应链。例如，默克公司的 Demand Sensing 模型，即融合电子健康档案（EHR）、社交媒体舆情与气象数据，预测区域性药品需求波动（如流感季的奥司他韦需求量），预测准确率达 89%。又如，机器人药房自动化，Script Pro 公司的配药机器人可在 8 秒内完成处方识别、药品分拣与包装，错误率低于 0.001%，支撑沃尔玛药房日均处理 2.5 万张老年处方。

（四）市场化创新模式：PBM 与价值医疗的实践

一是发挥药房福利管理公司（PBM）的中枢作用。Express Scripts、Optum Rx 等美国 PBM 通过三大机制优化供应链。（1）处方集管理：与药企谈判获取折扣，优先纳入高性价比药品，降低 Medicare 支出，2022 年节约费用达 130 亿美元。（2）邮购药房服务：为慢性病老年患者提供 90 天药品直邮，减少 30% 的到店取药成本。（3）依从性干预：通过 AI 电话提醒与使用智能药盒等药监测设备，将老年患者的用药依从性从 58% 提升至 81%。

二是开展价值医疗导向的支付改革。（1）按疗效付费（outcome-based contracting）：药企与保险公司签订对赌协议，若药品实际疗效未达约定目标（如癌症患者生存期），则按比例返还费用。例如，诺华与 Aetna 就 CAR-T 疗法签订的协议中，疗效未达标部分最高可返还 50% 费用。（2）捆绑支付（Bundled Payment）：将特定病种（如膝关节置换）的术前评估、手术耗材与术后康复药品打包定价，促使供应链各环节协同降本。

（五）社区协作网络：基层医疗与供应链的融合

一是推动零售诊所的“医 + 药”一体化。（1）CVS Minute Clinic 模式：在药房内设快速诊疗点，医生开具电子处方后可直接在店内取药，老年患者的诊疗 - 取药时间缩短至 40 分钟以内。（2）沃尔玛健康中心（Walmart Health）：整合基础医疗、牙科、心理辅导与药房服务，2023 年在养老社区周边新增 200 个站点。

二是发挥非营利组织的补位作用。（1）Good Rx 的药品比价平台：通过爬取全美7万家药房价格数据，帮助老年人获取优惠券，平均节省65%的自费药支出。（2）Direct Relief的应急网络：与联邦应急管理局（FEMA）合作，在飓风等灾害期间向老年群体定点投放“医药应急包”，采用无人机实现“最后一公里”配送。

三、欧洲的绿色供应链与社区养老融合模式

欧洲作为全球可持续发展理念的先行者，其康养供应链以低碳化、本地化和社区共生为核心特征，形成了“绿色物流网络＋社区养老生态”的融合模式。本节聚焦欧洲在老龄化应对中如何通过绿色供应链技术、循环经济机制与社区参与网络重构康养服务体系，分别从政策驱动、绿色物流技术、社区协作网络、企业创新实践、社会参与机制等角度，系统性解析其运行逻辑，为中国康养产业的绿色转型提供参考。

（一）政策驱动：欧盟绿色新政与循环经济框架

一是用绿色法规进行强制性约束。欧盟通过的《欧洲绿色新政》（European Green Deal）和《循环经济行动计划》（CEAP）对康养供应链提出明确要求。（1）碳足迹追溯：2023年生效的《企业可持续发展报告指令》（CSRD）强制要求养老服务机构披露供应链碳排放数据，包括药品运输、医疗废弃物处理等全环节。（2）塑料税与包装回收：对一次性护理用品（如注射器、尿垫）征收每吨800欧元的塑料税，推动企业采用可降解材料（如荷兰公司TIPA开发的生物基包装膜）。

二是运行区域协同的补贴机制。欧洲设立“公正转型基金”（Just Transition Fund），优先资助社区养老项目的绿色改造。以德国北威州为例，利用基金将科隆市养老院的能源系统从燃气锅炉改为地源热泵，年碳排放减少62%，并与本地有机农场签订直供协议，缩短食品供应链半径至50千米内。

（二）绿色物流技术：低碳化与适老化双维创新

一是应用新能源运输工具。（1）电动冷链车队：丹麦物流公司DSV部署全球首支全电动医药冷链车队，采用液氮相变蓄冷技术，在－20℃环境下续航达300千米，2023年已覆盖北欧80%的养老机构药品配送。（2）氢能无人机配送：瑞士邮政与Clinic Health合作开发氢燃料电池无人机，在阿尔卑斯山区实现急救药品30分钟直达，碳排放较传统直升机降低97%。

二是应用智慧仓储的节能设计。（1）光伏一体化冷库：荷兰冷库运营商New Cold在鹿特丹建设的“零碳冷库”，屋顶光伏板年发电量达28GWh，并通过AI算法优化货架布局，降低制冷能耗41%。（2）动态温控包装：英国公司Temper Pack开发的Clima Cell凝胶包材，可根据环境温度自动调节保温时长（4℃条件下维持72小时），减少冷链运输中的过度包装。

（三）社区协作网络：本地化资源循环体系

一是构建“15分钟养老圈”的供应链布局。欧洲城市通过空间规划将养老设施、社区药房与再生资源站点集成起来。（1）巴塞罗那“超级街区”模式：在9个街区内配置微型护理中心、共享药房与旧物维修站，老年人步行10分钟即可获取90%的康养服务，物流车辆仅允许在夜间使用电动货车集中补货。（2）柏林“银发合作社”：由老年人自主运营的社区仓库，收集闲置护理设备（如轮椅、助行器），经维修消毒后以“时间银行”积分制租借，年周转率超200%。

二是构建“食品—医药”闭环回收系统。（1）法国Eco-Emballages项目：药房设置分类回收箱，将过期药品包装拆解为铝箔、玻璃与塑料，经处理后转化为养老餐食配送容器的原材料，循环利用率达89%。（2）意大利“从农场到病床”计划：米兰San Raffaele医院将患者剩余营养餐（未开封）通过区块链溯源捐赠给社区养老中心，2023年减少食物浪费1.2万吨。

（四）企业创新实践：跨界融合与商业模式重构

一是延伸零售企业的绿色服务。以宜家为例，推出了模块化适老家具，其推出的可拆卸、易升级的“银色生活”系列，通过平板包装降低物流碳排放（体积减小 60%），并提供旧家具回收—翻新—再配送服务。此外，瑞典宜家门店设置光伏充电桩，优先为养老机构的电动配送车供电，形成“商业体—养老设施”微电网，实现社区能源共享。

二是创新医药供应链的逆向物流。（1）拜耳医药的“绿色处方”计划：通过智能药盒收集过期药品，经专业处理后提取有效成分重新制剂，2023 年将抗癌药卡铂的原料利用率从 35% 提升至 78%。（2）DHL 的医疗废弃物区块链平台：在德国实现针头、纱布等废弃物的全流程追踪，确保 99.8% 的合规处理率，并自动生成碳抵消凭证。

（五）社会参与机制：公民协同与代际融合

一是建立跨代物流志愿网络。（1）荷兰“青年配送员”计划：中学生通过自行车为独居老人配送药品，累计服务时长可兑换大学学分，阿姆斯特丹市日均完成配送 3200 单。（2）法国“银发数字教练”：退休 IT 工程师培训社区老人使用药品自助领取机等智能物流终端，同时参与系统适老化界面优化。

二是应用社区货币激励循环。例如，比利时的“绿色积分”体系，即老年人参与垃圾分类、旧物捐赠等行为可获得积分，用于抵扣护理服务费用，安特卫普市 2023 年减少康养供应链运营成本 17%。

本节小结

本节通过对日本、美国和欧洲康养供应链模式的分析，揭示了国际先进经验对中国的借鉴意义。这些国际经验主要侧重已有的现实做法，经验表明，康养供应链的优化需要整合多主体资源，引入先进技术，并注重绿色发展理念，以实现高效、安全和可持续的服务交付。

第二节　中国康养供应链的本土化实践

一、政策驱动与市场响应——中国康养供应链的本土化实践路径

中国康养供应链的构建以“政府主导、多元协同、需求分层”为核心特征，通过政策体系牵引与市场主体创新双向互动，逐步形成覆盖“基础保障—品质提升—智慧服务”的多层次供给网络。本节聚焦政策驱动下的本土化实践，分别从政策顶层设计、医养结合试点、长护险驱动的护理服务供应链重构、市场主体创新、区域协同实践等角度，解析中国康养供应链的演化逻辑与发展方向。

（一）政策顶层设计：国家战略与制度框架

一是构建国家康养产业规划体系。《“十四五”国家老龄事业发展和养老服务体系规划》明确提出“医养结合服务供给能力提升工程”，要求 2025 年实现二级以上综合性医院老年医学科覆盖率 90%、养老机构护理型床位占比 55% 以上，直接推动医疗资源与养老服务的供应链整合。

《智慧健康养老产业发展行动计划（2021—2025 年）》中设立了“智能适老产品推广目录”，对 AI 护理机器人、远程监测设备等供应链关键环节给予增值税即征即退政策，2023 年已带动相关产业规模突破 8000 亿元。

二是开展长期护理保险（长护险）制度试点。自 2016 年首批 15 个试点城市启动以来，长护险通过“个人 + 企业 + 财政”筹资模式（如上海按医保基金 0.5% 划拨），构建了护理服务供应链的支付保障体系。（1）服务清单标

准化：青岛将42项居家护理服务（如压疮护理、鼻饲管维护）纳入报销范围，明确服务内容、频次与定价，引导企业定向开发适老化护理包。（2）服务商准入机制：南通市建立“星级评定”制度，对护理机构的信息化水平、应急响应能力进行动态考核，2023 年淘汰未达标企业 23 家，优化供应链主体结构。

（二）医养结合试点：资源整合与服务下沉

一是推动医疗机构与养老机构的“嵌入式”合作。（1）山东曲阜的“两院一体”模式：乡镇卫生院与敬老院共享医疗设备与人力资源，医生每日巡诊数据同步至市级智慧平台，实现药品需求预测误差率小于 8%。（2）广州的“家庭病床”供应链延伸：三甲医院与社区养老服务中心签订协议，通过 5G 会诊系统指导家庭病床护理，2023 年累计配送医用耗材 12.3 万件（次），配送时间压缩至 2 小时。

二是开展中医药康养供应链特色实践。（1）浙江丽水的“治未病”服务包：整合艾灸、药膳原料配送与中医师上门服务，通过“云药房”实现饮片代煎、膏方定制与 48 小时送达，老年用户复购率达 67%。（2）甘肃陇南的中药材溯源体系：区块链技术记录当归、黄芪等道地药材种植—加工—配送全流程，养老机构可通过扫码获取农药残留与有效成分数据。

（三）长护险驱动的护理服务供应链重构

一是构建需求分级与资源匹配机制。（1）上海“照护等级评估系统”：基于日常生活活动能力（ADL）量表将老年人分为 6 个护理等级，自动匹配服务商与物资配送方案。例如，4 级失能老人可每周获得 3 次上门护理与 1 次药品专送。（2）成都“时间银行”互助网络：健康老人提供志愿服务积累积分，可兑换未来护理服务或康复辅具租赁资格，2023 年注册人数超 12 万，降低专业护工需求压力 23%。

二是开展数字化监管与质量控制。（1）无锡“护理服务区块链平台”：记录护理人员上门时间、服务内容与耗材使用数据，不可篡改特性杜绝虚假服务申报，节省医保基金支出 1.2 亿元 / 年。（2）宁波“智能药盒 + 物联网”系统：药盒自动记录服药情况并触发补货指令，与国药控股合作实现慢性病药物“次日达”，老年患者依从性提升至 82%。

（四）市场主体创新：从被动响应到主动引领

一是推动物流企业康养业务转型（以顺丰为例）。（1）医药冷链“极效前置”模式：在养老机构 3 千米内设置微仓，储备胰岛素、靶向药等 300 余品类，依托温控无人车实现 30 分钟紧急配送。（2）适老化包装设计：推出易撕拉链（开启力≤ 5N）、盲文标签与防滑提手，获中国老年用品协会“适老认证”。

二是科技公司提供智慧养老解决方案。（1）京东健康“数智康养云平台”：整合电子健康档案、药品库存与社区服务数据，通过 AI 生成膳食计划与康复训练指导等个性化康养方案，已接入全国 2300 家养老机构。（2）科大讯飞“银发语音助手”：支持方言识别的语音交互系统嵌入智能药箱，老年人可通过语音指令完成药品订购、紧急呼叫与配送进度查询。

（五）区域协同实践：京津冀与长三角的差异化探索

一是借鉴京津冀“医疗资源疏解—供应链跟进”模式。（1）北京燕达国际健康城：承接北京外溢养老需求，与河北三河市共建跨区域药品联合采购平台，实现京津医保目录药品 48 小时直送，日均配送量达 1500 单。（2）天津武清“器械共享中心”：集中采购呼吸机、护理床等高值设备，通过“租赁 + 流转”模式降低京津冀养老机构运营成本 34%。

二是借鉴长三角“一体化供应链网络”建设。（1）上海青浦—苏州吴江—嘉兴嘉善示范区：统一老年食品检测标准，实现预制菜、特医食品跨省互认，物流时效提升 40%。（2）杭州“都市圈急救药品调度平台”：整合 6

市急救中心库存数据，通过无人机接力配送突破交通管制，2023 年挽救急性心肌梗死患者生命所需时长平均缩短 18 分钟。

二、典型企业案例——专业化医药物流与康养供应链的创新实践

在老龄化社会的康养需求驱动下，医药供应链的响应能力、服务质量和效率成为核心竞争要素。以下从顺丰医药、京东健康、泰康之家等企业的实践出发，分析其如何通过专业化物流网络、数字化闭环服务和生态整合，推动康养供应链的升级与创新。

（一）顺丰医药：专业化医药物流网络的构建

一是实现冷链技术与温控管理的突破。顺丰医药依托其冷链物流优势，构建了覆盖全国的医药温控网络，包括“精温专递”“精温整车”等四类服务，确保药品从仓储到配送全链条的温度稳定性。例如，针对需冷藏的 GLP-1 药物，顺丰通过自主研发的冷运设备和配送箱，实现全程温度监控，保障药品质量。在老龄化场景下，慢性病用药需求激增，冷链技术的可靠性直接关系到老年患者的用药安全与疗效。

二是建成智能化仓储与配送网络。顺丰医药在全国布局了 12 个 GSP 标准医药仓和 292 辆自有冷藏车，覆盖 240 个地级市及 2068 个区县，形成“干线 + 支线 + 末端”的三级配送网络。例如，通过与赛诺菲合作，顺丰在西南地区建立了首个医药物流中心，优化了疫苗和生物制品的区域配送效率。这一模式尤其适用于偏远地区老年患者的用药可及性需求。

三是注重政策响应与行业整合。顺丰抓住“两票制”政策机遇，推动医药流通扁平化，减少中间环节。顺丰与陕西怡康集团共建的西北医药供应链物流中心，通过整合区域资源，降低了药品流通成本，提升了终端服务响应速度。这一实践为老龄化社会中的基层医疗资源不足问题提供了解决方案。

（二）京东健康：医药电商与即时配送的数字化闭环

一是实现全渠道零售与即时配送创新。京东健康通过“B2C+O2O+线下门店”的全渠道布局，构建了覆盖全国1亿人口的医药即时配送网络。其“京东买药秒送”服务在20个城市实现最快9分钟送达，并支持医保支付，降低了老年用户的购药门槛。例如，在流感高发期，京东健康通过精准调度抗流感药物，缓解了线下药店的短缺问题，满足老年患者紧急用药需求。

二是实现医疗服务闭环的整合。京东健康率先打通“医＋检＋诊＋药”全流程服务闭环。用户可通过互联网医院在线问诊，医生开具电子检验单后，由“京东到家快检”提供居家检测或护士上门采样服务，检测结果在3小时内反馈并生成处方，药品随即通过即时配送网络送达。这一模式尤其适合行动不便的老年患者，减少其往返医院的负担。

三是体现医保支付与技术驱动的普惠性。京东健康已在全国18个城市接入超3000家医保定点药房，支持线上医保个账支付，覆盖超1亿用户。通过AI技术（如“京医千询”大模型），平台可精准预测用药需求并优化库存，降低供应链冗余成本，间接推动药品价格透明化。

（三）泰康之家：保险＋养老社区的供应链生态整合

一是实现养老社区与医疗资源的深度协同。泰康之家通过“保险支付＋养老社区＋医疗服务”模式，构建了覆盖医疗、康复、护理的全链条供应链生态。其社区内嵌医疗机构与外部三甲医院合作，实现药品、耗材的集中采购与配送，降低运营成本并提升服务效率。

二是实现适老化物流技术创新。针对老年群体特殊需求，泰康在社区内引入智能药柜和无人配送设备，支持24小时自助购药。同时，通过物联网技术实时监测老年居民的用药情况，并与家庭医生系统联动，避免漏服或误服风险。

三是设计可持续性供应链。泰康将绿色物流理念融入供应链管理，如采用可降解包装材料、优化运输路径以减少碳排放。这一实践不仅响应了老龄化社会的环保需求，也降低了长期运营成本。

（四）案例启示：康养供应链的创新方向

上述国内知名企业的康养转型案例，带来了如下启示。一是技术驱动下的精准化服务：顺丰的冷链网络和京东的AI预测模型表明，数据与技术的深度融合是提升供应链响应能力的关键。二是全渠道整合与普惠性设计：京东健康的医保支付和即时配送模式，为老年群体提供了低成本、高便捷性的服务入口。三是政策与市场协同：顺丰对“两票制”的快速响应，体现了政策红利与市场需求的动态平衡。四是生态化服务闭环：泰康之家的“保险＋社区＋医疗”模式，展现了跨界资源整合在康养供应链中的潜力。

在老龄化背景下，康养供应链的管理需兼顾效率、安全与普惠性。顺丰、京东健康等企业通过专业化分工、数字化创新和生态整合，为行业提供了可复制的实践路径。未来，随着政策支持和技术迭代，康养供应链将进一步向智能化、适老化方向演进，成为支撑“健康中国”战略的核心基础设施。

本节小结

本节通过对中国康养供应链的本土化实践进行了系统分析，揭示了政策驱动与市场响应的良性互动模式。在政策层面，以“政府主导、多元协同、需求分层”为核心特征的引导体系，为康养供应链的优化提供了重要支持；在市场层面，顺丰医药、京东健康和泰康之家等典型企业的成功实践，展示了专业化、智能化和生态化的发展路径。这些实践表明，中国康养供应链的本土化发展需要政策、市场和技术的协同推进，以实现高效、安全和可持续的服务交付。

第三节 老龄化场景下的物流需求分析

一、核心场景与痛点——老龄化社会的物流需求挑战

（一）居家养老场景：即时配送的“最后一公里”挑战

一是关于需求特征与场景细分。居家养老模式下，老年群体对药品、餐食、护理用品（如成人纸尿裤、康复辅具）的即时配送需求激增。根据《中国老龄产业发展报告》，2023 年我国居家养老人口占比达 90%，其中 80 岁以上高龄老人的日均配送需求频次为 1.2 次，涉及冷链药品（如胰岛素）、热链餐食（如糖尿病定制餐）等特殊品类。

二是关于核心痛点分析。（1）时效性与稳定性矛盾：药品配送需兼顾时效（如急救药品 30 分钟内送达）与温控稳定性（如 2 ～ 8℃冷链），但末端配送常因交通拥堵、社区禁入等因素延误。（2）适老化服务缺失：老年用户操作智能终端存在困难，物流平台普遍缺乏语音交互、一键呼叫等适老化设计，导致订单错误率上升。（3）成本与可持续性压力：高频次、小批量配送推高物流成本，尤其在低密度分布的农村地区，企业盈利模式难以持续。

三是列举案例。北京市“智慧助老”试点项目中，美团与社区合作开发“语音下单＋志愿者代付”模式，将药品配送错误率降低 27%，但农村地区覆盖率不足 20%。

（二）慢性病药品场景：城乡逆向物流的“双向失衡”

一是需求特征与资源错配。《中国慢性病防治规划（2022—2030）》指出，我国慢性病患者超 3 亿，其中老年人占比 68%，需长期服用降压药、降糖药等。但城乡药品流通呈现“正向供给过剩、逆向调剂不足”现象，即城镇地

区过剩药品回收率不足 5%，而农村地区缺药率高达 34%。

二是关于核心痛点分析。（1）回收机制缺失：未建立全国性药品回收网络，过期药品处理依赖社区零星回收点，缺乏标准化流程与监管体系。（2）调剂效率低下：城乡药品调剂依赖人工登记与运输，信息不对称导致药品有效期浪费（年均损失超 50 亿元）。（3）冷链逆向物流技术存在短板：需低温保存的生物制剂（如 GLP-1 受体激动剂）逆向运输时，缺乏全程温控追溯技术，存在安全风险。（4）创新实践：京东健康联合地方政府推出“药箱共享计划”，通过区块链技术记录药品流向，实现城市社区与农村卫生所的药品动态调剂，试点区域药品利用率提升 18%。

（三）突发公共卫生事件场景：应急供应链的“弹性缺失”

一是关于需求特征与响应缺口。新冠疫情暴露了老龄化社会应急物流的脆弱性。2022 年上海疫情防控期间，老年患者急救药品断供率以及呼吸机、制氧机等设备配送延误时间都有所增长。因此，应急供应链需实现“资源快速集结—精准分发—动态调整”的闭环。

二是关于核心痛点分析。（1）预案僵化与资源碎片化：地方政府应急预案多针对通用物资，缺乏老年群体专属药品 / 设备清单，跨区域资源调配效率低下。（2）末端配送能力瓶颈：封控状态下“社区团购”模式难以满足个性化需求（如特定型号胰岛素笔针头），志愿者缺乏医药专业知识。（3）数据孤岛与协同失效：医疗机构、药企、物流平台数据未打通，导致需求预测偏差（如 2022 年退烧药局部过剩与全局短缺并存）。

三是列举案例。顺丰医药在 2023 年甲流暴发期间，启用“AI 需求预测 + 无人机弹性配送”模式，将重点城市的老年患者药品送达时间缩短至 4 小时内，但常态化应急网络尚未建立。

（四）共性痛点：技术、政策与生态协同不足

（1）技术适配性不足：现有物流技术（如 AGV 机器人、无人仓）多针对标准化商品，缺乏适老化改造（如药品分拣精度需达 99.99%）。（2）政策激励缺位：药品逆向物流缺乏税收减免政策，企业参与动力不足；适老化配送设备研发未纳入国家科技专项支持。（3）生态协同断裂：医疗机构、养老机构、物流企业间数据接口不统一，导致需求传递失真（如某三甲医院预测误差率达 35%）。

二、数据驱动的需求预测模型——老龄化场景下的供应链响应革新

在老龄化社会加速演进的背景下，康养供应链的物流需求呈现高度动态性与复杂性。传统经验驱动的预测模式难以应对老年人口分布不均、需求季节性波动剧烈等挑战，亟须通过数据驱动模型实现精准预测与动态优化。本节聚焦老龄人口分布、季节性波动与库存弹性管理，构建数据驱动的需求预测框架，并结合实践案例探讨其应用路径。

（一）基于老龄人口分布的仓储布局优化

一是数据基础：多源异构数据的融合分析。（1）人口密度热力图与医疗资源匹配：结合第七次人口普查数据、社区健康档案与医疗设施分布数据，构建“老年人口 - 慢性病发病率 - 医疗资源覆盖”三维热力图。例如，北京市朝阳区通过 GIS 技术识别出糖尿病高发社区与胰岛素冷链仓储的供需缺口，优化后配送时效提升 32%。（2）消费行为数据挖掘：利用电商平台（如京东健康）的老年用户购药记录、配送地址聚类分析，识别高频需求区域。例如，2024 年京东健康通过订单时空分析发现，长三角地区降压药夜间配送需求占比达 45%，推动区域前置仓增设夜间温控专线。

二是模型构建：空间聚类与动态选址算法。（1）改进的 K-means++ 算法：

在传统聚类基础上引入老龄化权重因子（如65岁以上人口比例、慢性病患病率），优化仓储中心选址。例如，顺丰医药在西南地区采用该模型，使医药物流中心服务半径缩短至50千米，库存周转率提升18%。（2）数字孪生仿真技术：通过虚拟映射实时模拟仓储网络运行状态，预判突发需求（如流感季药品短缺）。例如，泰康之家在武汉养老社区试点数字孪生仓储系统，将应急响应时间从72小时压缩至12小时。

三是技术支撑：物联网与区块链的可信数据链。（1）智能传感器网络：在养老机构、社区药房部署温湿度传感器，实时监控药品存储条件并反馈至中央数据库。2024年华泰人寿“泰享智居”项目中，物联网设备将药品变质率从1.2%降至0.3%。（2）区块链溯源平台：确保药品流通数据不可篡改，支持逆向物流调剂。京东健康“药箱共享计划”通过区块链记录药品流向，城乡调剂效率提升25%。

（二）季节性波动与库存弹性管理

一是需求特征呈现周期性规律与突发扰动叠加。（1）慢性病用药的季节性规律：冬季心血管疾病高发期，降压药需求较平日增长60%～80%；夏季高温导致胰岛素冷链需求激增。（2）公共卫生事件冲击：如2025年甲流暴发期间，奥司他韦单周需求量达到平日的15倍，暴露库存刚性模型的脆弱性。

二是预测模型体现时间序列分解与机器学习融合。（1）STL（seasonal-trend decomposition）算法：分解需求序列中的长期趋势、季节周期与残差项。顺丰医药应用STL模型预测GLP-1受体激动剂的季度需求，误差率控制在8%以内。（2）LSTM（长短期记忆网络）动态优化：结合天气数据、流行病预警信息动态调整预测结果。例如，2024年京东物流在华南台风季前，通过LSTM模型将急救药品安全库存量上调40%，避免断供风险。

三是库存策略侧重弹性系数与动态安全库存。（1）弹性库存系数模型：根据需求波动强度（CV值）动态调整安全库存水平。公式：

$$SS = Z \times \sigma_D \times \sqrt{L} \times (1 + \alpha \times CV)$$

其中，α 为老龄化敏感系数（实证取 0.15 ～ 0.3），CV 为需求变异系数。试点数据显示，该模型将库存成本降低 12% 的同时缺货率下降 20%。

（2）“云仓 + 社区微仓”分级储备：在区域枢纽仓储备基础药品，社区微仓存放高频急救药品。泰康之家在北京试点“15 分钟送达圈”，微仓库存周转率提升至每月 5 次。

四是动态调整机制体现实时数据反馈与策略迭代。（1）数字看板与自动补货系统：通过 ERP 系统对接医院处方数据与物流平台库存，实现自动补货触发。例如，上海某三甲医院与顺丰医药合作后，药品库存冗余率从 35% 降至 12%。（2）博弈论驱动的多主体协同：建立医疗机构、药企、物流企业的利益分配模型，避免“牛鞭效应”。2024 年国家卫健委牵头构建的慢性病药品协同平台，将供应链整体效率提升 28%。

五是实践启示与优化路径。（1）技术－政策－生态的三维协同：需将数据模型纳入《“十四五”健康老龄化规划》的智慧康养标准体系，同时完善医疗数据开放共享法规。（2）适老化算法改良：在预测模型中增加老年用户行为特征变量（如触屏操作延迟、语音交互偏好），提升服务适配性。（3）弹性供应链韧性建设：通过数字孪生技术模拟极端场景（如疫情封控、自然灾害），预置弹性响应方案。

本节小结

本节通过对老龄化场景下的物流需求分析，揭示了居家养老、慢性病药品城乡逆向物流和突发公共卫生事件应急供应链的核心痛点。同时，通过数据驱动的需求预测模型和仓储布局优化，为解决季节性波动和库存弹性管理问题提供了科学依据。这些分析表明，康养供应链的优化需要充分考虑老年人的需求特点和场景差异，通过技术创新和管理优化，提升物流服务的质量和效率。

第三章 技术篇：数字化与适老化技术创新

第一节 关键技术与应用

一、物联网（IoT）与全程可视化——康养供应链智能神经中枢

在老龄化社会背景下，康养供应链的复杂性显著增加，物联网（IoT）技术通过实时数据采集、传输与分析，成为实现供应链全程可视化的核心支撑。本节聚焦药品温控监测、健康数据联动两大核心场景，结合技术架构与典型案例，解析物联网如何推动康养供应链的精准化、安全化与适老化升级。

（一）药品温控监测与预警系统：从被动响应到主动干预

一是技术架构：形成感知层—传输层—应用层的协同闭环。（1）感知层：通过高精度温湿度传感器、RFID 标签与 GPS 定位设备，实时采集药品存储与运输环境数据。例如，顺丰医药在 GLP-1 受体激动剂运输中部署的“精温专递”系统，可在－25℃至 25℃范围内实现 ±0.5℃的温控精度。借助 5G 与

NB-IoT 技术，确保冷链数据低延迟传输。中国大唐集团的绿色供应链平台通过 5G 网络实现每秒 10 万次的数据同步，覆盖全国 2000 个药品流通节点。（2）应用层：基于区块链与 AI 算法构建可视化预警平台，支持异常温度自动报警与路径优化。京东健康在 2024 年甲流期间，通过 AI 预测模型将疫苗配送延误率降低至 3% 以下。

二是预警机制：三级风险分级与动态响应。（1）一级预警（轻度偏差）：系统自动发送短信至仓储管理员，提示调整冷藏设备参数。（2）二级预警（中度偏差）：触发备用电源启动，并通知物流调度中心调整配送路线。（3）三级预警（严重偏差）：强制暂停运输并启动应急冷链车救援，同时向药监部门备案。泰康之家在武汉养老社区试点中，通过该机制将药品变质率从 1.5% 降至 0.2%。

三是实践案例：全视通智慧医院药品管理。全视通开发的 AIoT 统一平台整合了药品温控监测与医院库存系统，实现从药房到病床的全程追溯。例如，系统可自动识别胰岛素笔的剩余剂量，结合患者用药记录触发补货指令，减少人工盘点误差。

（二）智能穿戴设备与健康数据联动：个体化需求驱动的供应链响应

一是数据采集：多模态生理参数的融合分析。（1）实时采集数据：智能手环、血压计等设备实时采集心率、血氧、血糖等数据，并通过边缘计算技术压缩传输带宽。脉购健康管理系统通过智能穿戴设备将老年用户的日均数据采集量提升至 120MB/ 人，支持慢性病管理的精准干预。（2）行为数据补充：结合室内定位传感器（如 UWB）监测老人活动轨迹，预测跌倒风险并联动急救药品配送。太阳谷“云颐”社区通过 5G+IoT 技术，将紧急呼叫响应时间缩短至 90 秒。

二是远程医疗协同：从数据到服务的闭环。（1）医生端：通过云端电子病历系统调取穿戴设备数据，远程调整处方。例如，东软医疗联盟的“健康小屋”项目，2024 年累计完成 12 万次在线问诊，处方药配送准确率达 99.7%。（2）患者端：智能药盒同步用药提醒至穿戴设备，漏服率降低 45%。例如，熙康云舍健康度假酒店结合穿戴设备与营养师服务，为糖尿病患者定制动态饮食方案。（3）个性化供应链调度：动态库存与弹性配送。

三是需求预测。（1）数据预测：基于穿戴设备数据构建 LSTM 模型，预测区域性慢性病用药需求。例如，京东健康在长三角地区通过血糖数据预测胰岛素需求量，区域前置仓备货量误差率控制在 5% 以内。（2）弹性配送：针对独居老人突发健康事件（如心绞痛），启动无人机“急救通道”。例如，顺丰医药在 2024 年试点中，无人机配送网络覆盖 30 个城市，急救药品平均送达时间缩短至 15 分钟。

（三）系统集成与生态协同：破解数据孤岛与标准碎片化

一是跨平台数据接口标准化。（1）打通数据接口：采用 HL7 FHIR（医疗数据交换标准）打通医院、物流企业与穿戴设备的数据接口。全视通智慧医院平台通过统一数据协议，将跨系统协同效率提升 40%。（2）区块链存证：确保药品流通数据不可篡改，支持医保审计与纠纷追溯。中国大唐集团的绿色供应链平台已接入国家药监局区块链节点，实现全链条可信存证。

二是适老化技术改良：降低使用门槛。（1）语音交互优化：穿戴设备支持方言识别与简化指令，减少老年用户操作负担。例如，太阳谷社区为高龄老人定制的语音药盒，误操作率下降 60%。（2）界面适老化设计：采用大字体、高对比度可视化看板。例如，泰康之家社区的数字孪生仓储系统支持触屏拖拽操作，老年管理员培训周期缩短至 3 天。

三是安全与隐私保护：双因子认证与联邦学习。（1）数据加密：采用国密 SM4 算法对健康数据进行端到端加密，防止传输泄露。脉购系统通过硬件级加密芯片将数据泄漏风险降低至 0.01%。（2）隐私计算：通过联邦学习技术，在不共享原始数据的前提下完成模型训练。例如，京东健康联合高校研发的联邦学习平台，已在慢性病预测中应用，模型准确率提升 12%。

（四）未来趋势：从功能化到生态化的跃迁

（1）边缘智能与 AIoT 融合：在穿戴设备端部署轻量化 AI 模型，实现实时健康风险评估（如卒中预警），减少云端依赖。（2）政策驱动的标准统一：建议将物联网医疗设备接口标准纳入《智慧健康养老产业发展行动计划》，推动行业互联互通。（3）碳足迹可视化：结合大唐集团的绿色供应链平台，实现药品流通碳排放的全生命周期监测，响应“双碳”目标。

二、区块链与可信供应链——构建康养产业的信任基石

在老龄化社会背景下，康养供应链的复杂性、安全性与可信度需求日益凸显。区块链技术凭借其去中心化、不可篡改、可追溯等特性，成为解决医疗数据共享、药品防伪、供应链协同等痛点的关键工具。本节从医疗数据共享与隐私保护、药品溯源与防伪机制两大核心场景切入，结合技术架构与实践案例，阐述区块链如何赋能康养供应链的可信化与智能化升级。

（一）医疗数据共享与隐私保护：破解“数据孤岛”与信任难题

一是技术架构：分层加密与权限控制。（1）数据分层加密：基于国密 SM4 算法对医疗数据进行端到端加密，确保传输与存储安全。例如，泰康之家的健康档案系统通过区块链技术实现患者病历、用药记录的加密上链，仅授权机构可通过密钥解密。（2）动态权限管理：采用智能合约定义数据访问规则，如医生仅可查看诊疗相关数据，药企需患者授权方可获取用药反馈。京东健康在慢性病管理中应用该模式，患者数据泄漏风险降低 90%。

二是跨机构协同：联邦学习与数据可用不可见。（1）联邦学习技术：通过联邦学习技术，医疗机构在不共享原始数据的前提下联合训练 AI 模型。例

如，上海浦江数链开发的“区块链＋隐私计算”平台，支持多家三甲医院联合分析老年慢性病趋势，模型准确率提升 15%。（2）数据共享激励机制：利用区块链通证奖励数据贡献方。阿里云开发者社区案例显示，某区域医疗联盟通过通证激励基层医院上传健康数据，覆盖率提升 40%。

三是适老化隐私设计：简化授权与语音交互。（1）开发语音控制：开发语音控制的区块链授权界面，老年患者可通过语音指令快速完成数据共享授权。太阳谷社区试点中，语音授权系统将老年人操作时间从 5 分钟缩短至 30 秒。（2）隐私风险可视化：通过区块链浏览器向老年用户直观展示数据流向，增强其信任感。脉购健康管理系统引入该功能后，用户数据共享意愿提升 35%。

（二）药品溯源与防伪机制：全链路透明化与安全闭环

一是全链路追溯：从生产到终端的可信记录。（1）药品身份数字化：为每盒药品赋予唯一区块链 ID，记录生产批次、流通路径、温控数据等。例如，顺丰医药在 GLP-1 药物运输中，通过区块链与物联网结合，实现全程温度波动≤ 0.5℃的可视化监控。（2）防伪验证体系：消费者扫描药品包装上的二维码即可查验真伪。例如，上海有色网金属交易中心通过区块链技术构建的药品溯源平台，假药流通率下降 72%。

二是逆向物流与过期药品管理。（1）区块链记录药品回收信息，支持城乡药品调剂。例如，京东健康“药箱共享计划”利用区块链技术追踪过期药品流向，试点区域药品利用率提升 18%。（2）智能合约自动触发回收指令：当传感器检测到药品临近有效期时，系统自动通知物流企业回收。例如，中特云商钢资产平台通过类似机制降低库存损耗率 25%。

三是应急响应与质量回溯。（1）突发公共卫生事件中，区块链快速定位问题药品批次。例如，2024 年甲流期间，某药企通过区块链溯源系统在 2 小时内锁定受污染疫苗批次，避免大规模健康风险。（2）质量争议仲裁：区块链存证作为法律依据。例如，中信泰富特钢集团在供应链纠纷中，凭借区块链记录缩短仲裁周期 60%。

（三）智能合约驱动的供应链协同：效率与合规双提升

一是自动化结算与支付。（1）智能合约根据物流签收数据自动触发药企与医院间的结算。例如，杭州云链趣链的贸易融资平台通过该模式将结算周期从 30 天压缩至实时完成。（2）医保支付透明化：区块链记录医保报销流程，减少欺诈行为。例如，中国银行上海分行试点项目显示，医保欺诈案件减少 45%。

二是合规性自验证。（1）合约自动检查药品流通是否符合 GSP 规范。例如，某医药物流企业通过智能合约拦截 32% 的违规运输操作。（2）环保合规追溯：记录包装材料碳排放数据，支持绿色供应链认证。例如，上海镝锑链科技的跨境支付系统已实现碳足迹可视化。

三是多主体协同优化。药企、物流、养老机构共享同一区块链网络，实时同步需求与库存。泰康之家通过该模式将急救药品配送时效提升至15分钟。

（四）挑战与优化路径

（1）技术瓶颈：区块链吞吐量不足（如 Hyperledger Fabric 峰值约 3000TPS）难以支撑大规模康养数据并发，需结合分片技术优化。（2）标准缺失：医疗数据字段、药品追溯码格式尚未统一，建议纳入《智慧健康养老产业发展行动计划》标准体系。（3）适老化改造：需开发低算力需求的轻量级区块链节点，适配老年社区基础设施。

三、人工智能与柔性供应链

在老龄化社会背景下，康养供应链的复杂性与动态性显著增加。传统的刚性供应链模式难以适应老年人需求的多样性和不确定性，而人工智能（AI）技术通过数据驱动的决策优化和柔性响应机制，为康养供应链的转型升级提供了核心支撑。本部分将从需求预测算法、动态路径优化与无人配送三个角度，探讨人工智能如何赋能柔性供应链的构建与实践。

（一）需求预测算法：精准匹配慢性病用药周期

康养供应链的核心挑战之一在于如何精准预测老年人，尤其是慢性病患者的用药需求。AI 技术通过整合多维数据与智能算法，显著提升了需求预测的精度与时效性。

一是构建慢性病用药周期模型。基于历史用药数据、患者健康档案及季节性疾病高发规律，AI 可构建动态用药需求预测模型。例如，针对高血压、糖尿病等慢性病，通过机器学习算法（如 LSTM 神经网络）分析患者的用药频率、复诊周期及突发症状数据，预测未来 1 ～ 3 个月的用药需求量，并动态调整库存策略。某医疗企业通过该模型将库存周转率提升了 25%，同时降低了 30% 的药品过期损耗。

二是实时更新与融合多源数据。AI 模型融合电子健康记录（EHR）、可穿戴设备监测数据、社区健康档案等多源信息，实时捕捉老年人健康状态的变化。例如，通过智能手环监测心率异常数据，结合用药记录预测潜在需求波动，实现库存的提前调配。

三是提供个性化服务与动态补货策略。AI 支持个性化用药方案的生成。例如，针对不同患者的用药依从性差异，动态调整配送频率与剂量包装。同时，通过强化学习算法优化补货周期与仓储布局，减少偏远地区药品短缺问题。

（二）动态路径优化：应对老龄化的物流复杂性

康养物流需兼顾时效性与成本控制，尤其在医疗物资配送、社区养老服务等场景中，动态路径优化技术成为关键。

一是动态响应实时路况与紧急需求。基于AI的路径优化算法（如遗传算法、蚁群算法）可实时整合交通拥堵、天气变化、紧急订单等动态因素。例如，某城市养老机构采用智能调度系统，在突发医疗需求时自动规划最优路径，将急救药品配送时间缩短40%。

二是实现多目标优化与资源协同。算法需平衡配送成本、时间效率及服务质量。例如，通过多目标优化模型，在满足老年人居家护理设备配送时效的同时，优化车辆装载率与碳排放指标。某物流企业应用该模型后，车辆空驶率下降18%，综合成本降低12%。

三是设计适老化场景的路径。针对老年人集中居住的社区或养老院，算法需优先考虑无障碍路线、夜间配送静音要求等特殊需求。例如，通过地理信息系统（GIS）标注坡道、电梯等设施信息，生成适老化配送路径。

（三）无人配送：破解劳动力短缺与效率瓶颈

老龄化社会伴随劳动力短缺问题，无人配送技术通过自动化与智能化手段，成为康养物流的重要解决方案。

一是无人配送车辆的技术支撑。无人车依赖感知技术（激光雷达、摄像头）、高精度定位（北斗/GPS）及AI决策系统，实现复杂环境下的自主导航。例如，某企业研发的无人配送车可在养老社区内自动避障，并识别老年人手势指令完成“最后一公里”配送。

二是冷链物流与药品温控。在疫苗、生物制剂等冷链配送中，无人车搭载温控系统与区块链溯源技术，确保药品全程恒温且数据不可篡改。某医药企业通过该技术将冷链损耗率从5%降至0.8%。

三是人机协同与应急响应。无人车与社区工作人员协同作业，在疫情防控或自然灾害发生期间承担紧急物资配送任务。

（四）柔性供应链的协同框架

AI技术通过整合需求预测、路径优化与无人配送，构建了“感知－决策－执行”一体化的柔性供应链体系。（1）数据驱动的动态网络设计：基于物联网（IoT）与云计算，实时监控供应链各节点状态，动态调整仓储与配送网络。（2）跨环节智能协同：通过数字孪生技术模拟供应链运行，优化资源分配与应急响应策略。（3）适老化服务闭环：从需求预测到终端配送，全流程嵌入老年人使用习惯与健康管理需求，提升服务满意度。

本节小结

本节探讨了物联网、区块链和人工智能三大关键技术在康养供应链中的应用。物联网技术通过温控监测和健康数据联动，实现了康养服务的全程可视化和实时监控；区块链技术通过数据共享和药品溯源，提升了供应链的可信度和安全性；人工智能技术通过需求预测和动态路径优化，增强了供应链的柔性和智能化水平。这些技术的应用为康养供应链的数字化和智能化转型提供了有力支持，也为应对老龄化挑战提供了技术保障。

第二节 适老化物流技术创新

一、“最后一公里”解决方案

在老龄化社会中，“最后一公里”配送不仅是物流效率的关键环节，更是保障老年人生活质量和健康需求的核心挑战。传统的配送模式受限于人力短缺、复杂场景适配性差等问题，而适老化物流技术创新通过智能化、场景化与社区化协同，为康养供应链提供了高效、安全、人性化的解决方案。本节将从社区无人车与无人机配送、便利店作为微型养老仓配枢纽两大角度展开分析，探讨技术创新如何破解老龄化场景下的末端配送难题。

（一）社区无人车与无人机配送：智能化与场景适配

无人配送技术通过自动化与智能化手段，能有效缓解老龄化社会劳动力短缺问题，同时兼顾时效性与安全性需求，成为适老化物流的重要支撑。

一是无人车的适老化场景适配。无人配送车通过高精度传感器与自动驾驶技术，能够适应社区内复杂路况，尤其针对老年人集中居住区域的无障碍设计需求。例如，北京部分社区采用新石器无人车，在封闭小区内完成生活物资的无接触配送，通过低速行驶（≤ 20 千米 / 小时）与避障算法确保安全性，同时支持 24 小时服务，缓解疫情防控期间的保供压力。长春净月高新区则通过无人车与机器狗协同，解决冰雪路面配送难题，并针对特殊场景（如独居老人上门配送）优化路径规划。此外，太湖县邮政分公司试点无人车通过预设路线与智能调度，精准完成药品和日常用品的配送，降低人力成本并提升服务覆盖范围。

二是无人机的低空物流网络构建。无人机通过“低空经济 + 科技赋能”模式，突破地面交通限制，尤其适用于紧急药品配送与偏远地区覆盖。例如，成都首条跨境保税“无人机 + 无人车”即时配送专线，利用无人机从保税区直飞社区分拣中心，20 分钟内完成 18 千米的配送，时效提升 35%，成本降低 40%。深圳福田区的小微服务站则通过无人机起降坪与冷链设施，实现生鲜药品的快速中转，解决社区内“上下楼难”问题，同时整合巡查、消防等公共管理功能，提升资源集约利用效率。

三是适老化设计优化与技术挑战。（1）安全性强化：无人机配备自动返航与降落伞系统，应对突发故障风险；无人车采用冗余感知系统（如激光雷达与摄像头融合）避免碰撞。（2）噪声控制：城市无人机通过降噪技术减少对老年人的干扰，农村场景则利用空旷环境优势扩大应用范围。（3）极端环境适应性：长春试点中，无人车通过防滑算法与底盘设计优化冰雪路面行驶稳定性，而无人机在低温环境下仍能保持续航能力。

（二）便利店作为微型养老仓配枢纽：社区化与功能融合

便利店不仅是零售终端，还可通过数字化改造与功能扩展，成为康养供应链的“神经末梢”，实现仓储、配送与健康服务的深度融合。

一是仓储前置与即时响应。便利店通过设置微型仓储节点，存储老年人高频需求的慢性病药品、医疗耗材及应急物资。例如，深圳的小微服务站集成冷冻冷藏柜与快递架，支持药品恒温存储与无人机即时补货，满足“上午下单、下午送达”的时效需求。北京部分社区便利店与无人车联动，通过预售模式提前备货，以补贴价快速响应老年人的生活物资需求。

二是社区健康服务集成。便利店可嵌入健康监测设备（如血压仪、血糖仪），提供基础健康筛查服务，并与物流系统联动。例如，长春芯光产业园的无人机机场驿站结合机器狗配送，将检测试剂直接送至老年人家中，形成“检测—配送—反馈”闭环。此外，便利店可作为社区健康档案的数据节点，通过可穿戴设备实时上传健康数据，为个性化配送提供依据。

三是适老场景的多元化功能拓展。（1）应急响应：便利店配备急救包与AED设备，结合无人机实现紧急药品的快速调拨。（2）社交服务：改造传统报刊亭为“社区书屋＋配送站”，提供代购、代办等便民服务，增强老年人社区归属感。（3）适老化改造：优化货架高度与标识清晰度，增设休息区与无障碍通道，提升老年用户的使用体验。

（三）协同创新与未来展望

“最后一公里”解决方案需通过技术、政策与生态协同，构建适老化物流体系。（1）技术融合：无人车与无人机形成“空地一体”网络，如成都的“云端速达 + 空地联动”模式，通过动态路径优化与多模态配送提升效率。（2）政策支持：深圳通过立法推动低空经济基础设施建设，规划 1200 个起降点，为无人机配送规模化奠定基础。（3）生态共建：便利店与物流企业、医疗机构合作，打造“仓储 - 配送 - 服务”一体化生态，如长春净月区的低空物流枢纽体系。未来，随着人形机器人、数字孪生等技术的成熟，末端配送将实现更高程度的自动化与个性化。例如，机器狗可完成“开门递送”等精细动作，进一步提升了适老化服务水平。

二、适老化交互设计

在老龄化社会的康养供应链管理中，交互设计的适老化改造是提升服务可及性与用户体验的核心环节。老年人因生理机能退化（如视力、听力、触觉敏感度下降）和认知能力减弱（如记忆力、操作逻辑理解能力降低），对传统物流服务的交互界面存在天然的适应障碍。因此，适老化交互设计需通过技术手段与人性化理念的结合，构建低复杂度、高包容性的服务入口，优化老年群体在康养供应链中的参与效率。本节从语音交互系统、一键呼叫机制、老年友好型供应链界面、技术化伦理与隐私保护的平衡四个维度展开分析，探讨适老化交互设计的技术路径与实践价值。

（一）语音交互系统的适老化改造

语音交互技术因其自然语言处理特性，成为老年人跨越数字鸿沟的重要工具。在康养物流场景中，语音系统的适老化改造需从以下三方面实现：一是方言与模糊语义的精准识别。老年人普遍存在方言使用习惯及语言表达模糊性（如“帮我订一箱牛奶，要那种红色包装的”）。通过深度学习算法对区域性方言库进行训练，结合上下文语义分析技术，可提升语音系统的容错率。例如，京东物流在部分试点区域引入方言识别模块，对老年人常用的模糊指令（如“送药”“买菜”）进行语义映射，准确率提升至 92% 以上。

二是多模态交互的冗余设计。针对老年人可能存在的听力障碍，系统需整合语音反馈、屏幕文字提示及震动提醒等多通道交互方式。例如，菜鸟驿站的适老化取件系统在语音播报包裹信息时，同步在屏幕上以放大字体展示取件码，并通过智能手环震动提醒用户操作步骤。

三是个性化服务配置的记忆功能。通过用户画像技术记录老年人的高频需求（如常用药品、定期配送的日用品），实现“一键复购”功能。例如，日本雅玛多运输开发的“银发语音助手”可自动识别用户历史订单，当用户说出“和上次一样”时，系统可直接调用预设模板完成下单。

（二）一键呼叫系统的应急与常态化整合

一键呼叫系统在康养物流中兼具紧急救援与日常服务双重功能，其设计需满足即时性、可靠性与场景适配性。一是分级响应机制的构建。系统需区分紧急与非紧急呼叫场景，按不同颜色去标定服务层级。（1）红色级：突发健康危机（如摔倒、心脏病发作）触发 GPS 定位与急救中心联动。（2）黄色级：物流服务问题（如配送延迟、商品破损）转接人工客服优先处理。（3）蓝色级：常规服务咨询（如订单查询、价格询问）由 AI 客服自动应答。例如，英国连锁药房 Boots 的居家养老配送设备中，红色按钮直接连通 NHS（国民医疗服务体系），平均响应时间缩短至 8 分钟。

二是硬件设备的适老化人体工学设计。呼叫终端需符合老年人操作习惯。（1）如触觉反馈强化：采用凸起按键设计，避免触屏误操作。（2）视觉标识优化：使用高对比度色彩（如红底白字）及发光边框。（3）多终端冗余接入：支持固定电话、可穿戴设备、智能音箱等多渠道触发。例如，德国 DHL 的适老化快递箱配备物理旋钮式呼叫器，旋转至不同挡位可分别联系物业、配送员或医疗机构。

三是服务链路的闭环管理。从呼叫触发到问题解决的全流程需实现数据追踪。（1）状态可视化：通过短信或语音播报实时更新处理进度。（2）服务评价机制：事后邀请用户对响应速度、处理效果进行满意度评分。（3）数据反哺系统：将高频问题输入知识库，优化 AI 应答准确率。

（三）老年友好型供应链界面的设计范式

在 App、网页等数字化入口中，界面复杂度过高是阻碍老年用户使用的主要障碍。适老化设计需遵循“减法原则”。一是认知负荷的最小化策略。（1）信息层级压缩：将传统三级菜单简化为单层扁平化结构，如美团优选老年版仅保留“买菜”“买药”“紧急帮助”三个主入口。（2）功能模块聚合：将关联操作合并为场景化服务包（如“每周送药”功能整合处方审核、医保支付、定期配送）。（3）视觉干扰元素剔除：去除弹窗广告、浮动图标等非必要内容，界面留白率增加至 40% 以上。

二是逻辑的线性化重构，即采用分步引导机制。（1）将复杂流程拆解为单向步骤，如顺丰速运老年模式将寄件流程简化为“扫码—放物—确认”三步。（2）防错机制强化：在关键节点（如支付页面）设置二次确认弹窗，并采用语音 + 文字双提示。（3）逆向操作阻断：隐藏“返回”“撤销”等可能引发混乱的按钮，通过客服热线处理异常操作。

三是代际协同的功能扩展。（1）亲情账号绑定：允许子女远程代下单并监控物流状态，如京东“家庭号”功能支持跨设备订单同步。（2）操作记录可视化：生成月度服务报告供子女查看，及时发现异常消费或配送问题。（3）线下服务入口保留：在界面显著位置提供电话下单渠道，避免数字化排斥。

（四）技术伦理与隐私保护的平衡

适老化交互设计需警惕技术滥用风险。（1）生物识别数据的有限采集：语音系统应避免存储完整声纹信息，采用特征值加密技术。（2）紧急呼叫的权限管控：GPS 定位仅在红色级警报时激活，日常模式下关闭位置追踪。（3）知情同意机制的适老化表达：使用口语化语言说明数据用途，替代冗长的法律文本。

本节小结

本节探讨了适老化物流技术创新在“最后一公里”解决方案和交互设计中的应用。通过社区无人车与无人机配送、便利店微型养老仓配枢纽的建设，解决了老年人物流配送的“最后一公里”难题。同时，语音下单、一键呼叫系统和老年友好型 App 的设计，进一步提升了老年人使用物流服务的便利性和满意度。这些技术创新不仅优化了物流服务的适老化设计，还为康养供应链的智能化发展提供了有力支持。

第四章 方法篇：模糊决策与康养供应链的实践结合

第一节 数学方法与实际问题两相结合的理论探索

一、模糊多属性方法的发展情况

多属性决策是人类在日常工作、生活、学习过程中的一项最普遍和最常见的活动。大千世界的复杂性导致人们在做出某项决定的时候，经常会同时面对多个约束条件。我们必须权衡优先考虑哪一个或哪几个因素，才能产生较大效益或避免较多损失。这种现实必要性催生了多属性决策方法。

（一）厘清多属性决策问题

一是具体到管理科学领域，决策也可以通过系统的归纳而成为一门科学，这些经过总结的思考方式和思想方法可以反作用于实践过程，指导实际问题的解决。一般而言，决策是指多准则决策（multiple-criteria decision-making，

MCDM）问题，而多准则决策问题又可以进一步细分为多目标决策（multiple-objective decision-making，MODM）问题和多属性决策（multiple-attribute decision-making，MADM）问题。

二是这两类决策问题各有其适用范围，多目标决策问题是为了选择最好的解决方案，其决策空间是连续分布的；多属性决策问题是在给定的方案集中寻找最优的结果或者对方案进行排序，其决策空间是呈离散分布的。简言之，前者解决的是未知方案的设计决策问题，后者解决的是已知方案的选择与排序问题。本书研究的是多属性决策问题。在有限的备选方案中，决策人找到合理的方法或恰当的模型，通过某种决策方式对评价信息进行归一化或标准化，根据其特点对备选方案进行综合分析和排序，得到比较后的最优方案。

三是多属性决策思想已经广泛地应用于现代经济社会之中。从现实生活提炼出来的区域规划设计、系统工程、运筹学等管理科学，都与多属性决策有着密切联系。尤其是本书所涉及的物流服务供应链管理领域，其中的合作伙伴选择、绩效评价、物流枢纽点选址、信息共享水平评价等环节，都涉及多个方案、多种属性、多人评价、不同权重等多维矩阵情况，需要强大的定量工具进行处理。并且，当今时代的海量信息让决策环境变得更加复杂。多属性决策大多具有模糊性和不确定性，难以给出完全精准的答案。模糊多属性决策方法一定程度上拟合了真实情况，提高了决策质量，较之一般决策有更好的效果。

（二）将模糊集理论作为本书多属性决策研究的基础

一是关于模糊集理论的发展脉络概述。Zadeh 在 1965 年提出了模糊集理论，将取值仅为 1 或 0 的特征函数扩展至闭区间 [0，1] 上可取任意值的隶属函数，这一突破使模糊集理论成为半个世纪以来处理不确定决策问题的主要理论工具之一。在社会实践中，人们逐渐发现，在大家表达态度时，除了明确的“支持”或“反对”，有时候人们还会有意地不表达出明确的态度——以“弃权”的形式呈现出来。Atanassov 在 1986 年对传统的模糊集进行了拓展，提出了直觉模糊集的概念，兼顾考虑了隶属度、非隶属度和犹豫度三种特性，可以同时表述支持、反对和中立三种状态。然而，决策者亦会在多个评价值面前犹豫不决，传统的模糊集不能够完整地刻画出犹豫信息。因此，Torra 在 2009 年提出了反映决策者犹豫状态的犹豫模糊集，阐述了元素的隶属度是由若干个可能值构成的。由于在运用犹豫模糊集理论进行决策时，仅用隶属函数表达属性的确定性程度，忽略了不确定性程度的重要性，为此，Zhu 和 Xu 在 2012 年提出了对偶犹豫模糊集，将确定性程度和不确定性程度分别由隶属函数和非隶属函数表示，能完整地描述决策者的犹豫不决，更贴近决策者的认知现实。

二是模糊集理论发展至今形成了两大支柱。直觉模糊集和犹豫模糊集是由模糊集理论发展起来的两大支经典模糊理论，本书主要以犹豫模糊集这一大源流作为研究基础，逐渐延伸出区间犹豫模糊语言术语集、图犹豫模糊集等适应能力更强的数学工具，以处理条件更复杂的不确定信息。至于本书第五章、第六章用到的 Fermatean 模糊集、语言复 t- 球面模糊集，则是模糊集理论经过数十年发展后，迭代产生的更为复杂和高级的模糊理论，适用于限制条件更为苛刻的多属性决策应用场景。

（三）本书的四种模糊多属性新方法

一是提出四种新方法。对于拓展的模糊集理论和不同属性条件下的多属性决策方法，国内外学术界均有数量可观的研究成果，国内外学者建立了一系列的模糊多属性决策模型。本书通过对已有的论文、著作、述评等的系统总结和归纳，从基于区间犹豫模糊语言灰关联投影的多属性决策、基于图犹豫模糊灰关联妥协双向投影的多属性决策、基于 Fermatean 模糊 Dombi 幂 Heronian 平均算子的多属性决策、基于语言复 t- 球面模糊 Dombi 加权幂分

Heronian 平均算子的多属性决策等四个维度，与康养物流供应链领域的具体问题相结合，提出了新的应用场景。

二是具有方法论意义的高度创新价值。本书的主要创新点为四种较为贴近管理实际的模糊多属性决策方法，前期大部分的研究工作量集中于模型构建和方法优化，并且将模糊多属性决策方法结合应用到四种康养供应链场景。本书以四种创新的模糊多属性决策方法为筋骨，支撑起康养供应链的血肉发肤，真正地把多属性决策方法应用到康养供应链的关键环节中去。本书用到的四个应用场景涵盖了康养供应链乃至供应链管理的三个关键领域，外加一个应用热点。尤其是对于区块链场景、第四方物流场景的结合应用，是本书在模糊环境多属性决策方法的创新之外，额外具有实践意义和研究价值的探索方向。本章根据多属性决策方法与算例场景的结合情况，尝试分析和归纳出物流服务供应链管理的一般规律。

二、模糊多属性决策方法在康养供应链中的融合应用

在老龄化社会背景下，康养供应链管理面临多维度、多主体、多目标的复杂决策需求。模糊多属性决策方法通过处理不确定性信息、整合多方偏好、动态优化资源配置，为康养供应链的决策科学化提供了重要工具。本节从以下四个核心方向探讨其融合应用。

（一）康养服务供应商选择的模糊综合评价

康养供应链涉及医疗设备、护理服务、药品供应等多类型供应商的协同合作，其选择需兼顾质量、成本、响应速度等模糊属性。基于三角模糊集和直觉模糊集的方法可有效量化主观评价信息。

一是属性模糊化处理：将定性指标（如服务质量、企业信誉）转化为三角模糊数或直觉模糊数，通过隶属度、非隶属度和犹豫度全面刻画不确定性。

例如，在药品供应商评价中，药品安全性可通过三角模糊数 (0.7, 0.8, 0.9) 表示、反映专家对“高安全性”的模糊共识。

二是权重动态优化：当属性权重未知时，可结合 TOPSIS 方法构造正负理想解，并通过二次规划模型最小化综合属性值与理想解的偏差，动态调整权重以适应不同场景需求。

三是群决策整合：引入梯形模糊数互补判断矩阵，整合医院管理者、患者代表等多方偏好，构建基于模糊规划模型的群决策框架，提升决策的公平性与可接受性。

其实际应用场景在于：某康养机构通过改进的 TOPSIS 方法，在 10 家医疗设备供应商中筛选出综合得分最高的 3 家，其决策效率较传统方法提升 30%。

（二）动态资源分配与服务路径优化

老龄化场景下，康养资源（如床位、护理人员）的供需矛盾突出，需结合模糊多属性决策实现动态优化。

一是多目标协同模型：以最小化资源闲置率与最大化服务覆盖率为目标，构建基于梯形模糊数的多属性规划模型。例如，在突发公共卫生事件中，通过模糊数期望值比较方法动态调整床位分配优先级。

二是实时响应机制：利用模糊灰关联投影技术，量化资源调度中的实时需求偏差，并通过偏差最小化模型生成应急路径。例如，大连金普新区通过 AI 驱动的智能监管平台，实现康养资源的动态匹配与路径优化。

三是偏好冲突协调：针对不同利益主体（如政府、企业、家庭）的冲突目标，采用模糊 Dombi 算子聚合多源偏好信息，平衡效率与公平性。

其实际应用场景在于：通过动态资源分配模型，某区域康养中心在新冠疫情高峰期将床位利用率从 65% 提升至 85%，同时降低护理人员工作强度 20%。

（三）康养服务质量与风险评估的模糊建模

服务质量评价与风险预测是康养供应链管理的核心挑战，模糊多属性决策方法通过以下路径增强评估的全面性。

一是综合评分体系：将服务质量分解为专业性、及时性、安全性等属性，采用 Fermatean 模糊集量化专家评分，结合得分函数与精确函数生成综合排序。

二是风险预警模型：利用犹豫度指标捕捉供应商履约风险，构建基于语言复 t- 球面模糊集的灰关联投影模型，识别潜在风险等级并制定应急预案。

三是数据驱动的动态评估：融合物联网实时监测数据（如智能手环健康指标）与模糊决策模型，实现服务质量的动态修正与反馈优化。

其实际应用场景在于：大连某康养机构通过直觉模糊集评估系统，将服务质量投诉率降低 18%，并通过风险预警模型提前规避 3 起供应商违约事件。

（四）可持续康养供应链的模糊多属性群决策

在绿色康养供应链建设中，需权衡环境效益、社会满意度与经济成本等多重目标。

一是多属性群决策框架：将碳排放、社会满意度等指标纳入决策体系，采用模糊互补判断矩阵整合政府、企业、社区等多方意见，生成帕累托最优方案。

二是偏好融合技术：针对“普惠性”与“高端化”的路径争议，基于区间犹豫模糊语言灰关联投影方法，量化不同利益相关者的偏好冲突，并通过妥协解实现战略平衡。

三是生命周期评价：运用模糊多目标规划模型，优化康养产品从生产到回收的全生命周期碳排放，推动供应链绿色转型。

其实际应用场景在于：某康养产业园通过模糊群决策模型，在成本增加不超过 10% 的前提下，将碳排放强度降低 25%，并提升社区满意度 15%。

本节小结

模糊多属性决策方法通过高级模糊集与混合算子的理论创新与康养供应链的四大核心领域的场景适配，显著提升了复杂环境下的决策质量。这不仅解决了传统方法的局限性，还为区块链、第四方物流等新兴领域提供了方法论支持，具有学术与实践双重价值。未来研究可进一步探索模糊理论与人工智能、大数据的深度结合，以应对更复杂的决策需求。

第二节　基于区间犹豫模糊语言灰关联投影的多属性决策方法

一、区间犹豫模糊语言灰关联投影的理论基础

（一）区间犹豫模糊语言术语集

为了研究工作的需要，本书引入了用于多属性决策的模糊理论工具——区间犹豫模糊语言术语集。这种创新的理论工具是基于语言术语集、犹豫模糊集等已有理论发展而来。随着决策问题的怀疑程度和模糊性不断增加，当决策者对一个语言术语的几个值犹豫不决时，通过使用单个语言术语表达偏好的标准语言变量可能无法恰当地描述偏好。为了处理这种情况，一些研究者提出了犹豫模糊语言术语集作为语言术语集的扩展。犹豫模糊语言术语集允许决策者通过使用几个语言术语来表达偏好，并被视为描述模糊信息的有效工具。而区间犹豫模糊语言术语集，则是将语言术语集和区间犹豫模糊集相结合，用以灵活地刻画定性的犹豫模糊信息。

定义 4.1 设$S=\{s_i|i=0, 1, 2, \cdots, 2t\}$是具有奇数基数的语言术语集，其中$s_i$表示语言变量的可能值，其应满足以下特征：

（1）集合是有序的：如果$i>j$，那么$s_i>s_j$；

（2）否定运算符：$neg(s_i)=s_{2t-i}$；

（3）如果$s_i>s_j$，那么$\max\{s_i, s_j\}=s_i, \min\{s_i, s_j\}=s_j$。

为了更灵活地表达语义、更有效地反映出偏好信息，有学者提出了语言尺度函数的概念。

定义 4.2 如果 $\theta_i\in R^+\left(R^+=\{r|r\geqslant 0, r\in\mathbf{R}\}\right)$是一个数值，语言尺度函数$\phi$进行从$s_i$到$\theta_i$的映射，表示为$\varphi: s_i\to\theta_i(i=0, 1, 2, \cdots, 2t)$，其中$0\leqslant\theta_0<\theta_1<\cdots<\theta_{2t}$，则语言尺度函数定义如下：

（1）$\varphi(s_i)=\dfrac{i}{2t}(i=0, 1, 2, \cdots, 2t)$;

（2）$\varphi(s_i)=\begin{cases}\dfrac{a^t-a^{t-i}}{2a^t-2}(i=0, 1, \cdots, t),\\ \dfrac{a^t+a^{t-i}-2}{2a^t-2}(i=t+1, t+2, \cdots, 2t);\end{cases}$

（3）$\varphi(s_i)=\begin{cases}\dfrac{t^\alpha-(t-i)^\alpha}{2t^\alpha}(i=0, 1, \cdots, t),\\ \dfrac{t^\beta+(t-i)^\beta}{2t^\beta}(i=t+1, t+2, \cdots, 2t)。\end{cases}$

在前述理论探索和研究成果的基础上，后续研究者继续拓展了语言尺度函数的定义，进一步提出并定义了区间犹豫模糊语言术语集的概念，以期更加精确地表达定性决策过程中的不确定性、犹豫性和不一致性信息。

定义 4.3 设$X=\{x_1, x_2, \cdots, x_n\}$是参考集，并且$s_{\theta(x)}\in S$，$X$中的区间犹豫模糊语言集（IVHFLS）$\widetilde{H}_S$表示如下：

$$\widetilde{H}_S=\left\{\left\langle x, s_{\theta(x)}, \Gamma_{\widetilde{H}}(x)\right\rangle\middle| x\in X\right\}$$

其中，$\Gamma_{\widetilde{H}}(x)$是(0,1]上一些区间的集合，表示 x 属于$s_{\theta(x)}$的可能区间隶属度。为了方便起见，$\alpha=\left\langle s_{\theta(x)}, \Gamma_\alpha\right\rangle$被称为区间犹豫模糊语言数（IVHFLN）。

定义 4.4 设$\alpha=\left\langle s_{\theta(\alpha)},\Gamma_\alpha\right\rangle=\left\langle s_{\theta(\alpha)},\bigcup_{\left[r_\alpha^l,r_\alpha^u\right]\in\Gamma_\alpha}\left\{\left[r_\alpha^l,r_\alpha^u\right]\right\}\right\rangle$，$\beta=\left\langle s_{\theta(\beta)},\Gamma_\beta\right\rangle=\left\langle s_{\theta(\beta)},\bigcup_{\left[r_\beta^l,r_\beta^u\right]\in\Gamma_\alpha}\left\{\left[r_\beta^l,r_\beta^u\right]\right\}\right\rangle$为任意两个区间犹豫模糊语言数，则区间犹豫模糊语言数的基本运算如下所示：

（1）$neg(\alpha)=\left\langle\varphi^{-1}\left(\varphi(2t)-\varphi\left(s_{\theta(\alpha)}\right)\right),\bigcup_{\left[r_\alpha^l,r_\alpha^u\right]\in\Gamma_\alpha}\left\{\left[1-r_\alpha^u,1-r_\alpha^l\right]\right\}\right\rangle$，

（2）$$\alpha\oplus\beta=\left\langle\varphi^{-1}\left(\varphi\left(s_{\theta(\alpha)}\right)+\varphi\left(s_{\theta(\beta)}\right)-\varphi\left(s_{\theta(\alpha)}\right)\cdot\varphi\left(s_{\theta(\beta)}\right)\right);\right.$$
$$\left.\bigcup_{\left[r_\alpha^l,r_\alpha^u\right]\in\Gamma_\alpha,\left[r_\beta^l,r_\beta^u\right]\in\Gamma_\beta}\left\{\left[r_\alpha^l+r_\beta^l-r_\alpha^l\cdot r_\beta^l,r_\alpha^u+r_\beta^u-r_\alpha^u\cdot r_\beta^u\right]\right\}\right\rangle;$$

（3）$\alpha\otimes\beta=\left\langle\varphi^{-1}\left(\varphi\left(s_{\theta(\alpha)}\right)\cdot\varphi\left(s_{\theta(\beta)}\right)\right),\bigcup_{\left[r_\alpha^l,r_\alpha^u\right]\in\Gamma_\alpha,\left[r_\beta^l,r_\beta^u\right]\in\Gamma_\beta}\left\{\left[r_\alpha^l\cdot r_\beta^l,r_\alpha^u\cdot r_\beta^u\right]\right\}\right\rangle$；

（4）$\lambda\alpha=\left\langle\varphi^{-1}\left(1-\left(1-\varphi\left(s_{\theta(\alpha)}\right)\right)^\lambda\right),\bigcup_{\left[r_\alpha^l,r_\alpha^u\right]\in\Gamma_\alpha}\left\{\left[1-\left(1-r_\alpha^u\right)^\lambda,1-\left(1-r_\alpha^l\right)^\lambda\right]\right\}\right\rangle,\lambda\geqslant0$；

（5）$\alpha^\lambda=\left\langle\varphi^{-1}\left(\left(\varphi\left(s_{\theta(\alpha)}\right)\right)^\lambda\right),\bigcup_{\left[r_\alpha^l,r_\alpha^u\right]\in\Gamma_\alpha}\left[\left(r_\alpha^l\right)^\lambda,\left(r_\alpha^u\right)^\lambda\right]\right\rangle,\lambda\geqslant0$。

区间犹豫模糊语言术语集的距离测度，是此种理论工具有效性的一个关键衡量指标。距离测度定义的意义在于，在得出区间犹豫模糊语言术语集数值的过程中，距离测度在推导和计算的中间阶段表征了差异程度。因此，本书也需要充分定义区间犹豫模糊语言数的距离测度。

有研究者提出了区间犹豫模糊语言数的距离测度。

定义 4.5 设$\alpha=\left\langle s_{\theta(\alpha)},\Gamma_\alpha\right\rangle=\left\langle s_{\theta(\alpha)},\bigcup_{\left[r_\alpha^l,r_\alpha^u\right]\in\Gamma_\alpha}\left\{\left[r_\alpha^l,r_\alpha^u\right]\right\}\right\rangle$，$\beta=\left\langle s_{\theta(\beta)},\Gamma_\beta\right\rangle=\left\langle s_{\theta(\beta)},\bigcup_{\left[r_\beta^l,r_\beta^u\right]\in\Gamma_\alpha}\left\{\left[r_\beta^l,r_\beta^u\right]\right\}\right\rangle$为任意两个区间犹豫模糊语言数，$\alpha$和$\beta$之间的距离可表示为：

$$d(\alpha,\beta)=\left(\frac{1}{2\cdot\max\left(\#\Gamma_\alpha,\#\Gamma_\beta\right)}\sum_{\left[r_\alpha^l,r_\alpha^u\right]\in\Gamma_\alpha,\left[r_\beta^l,r_\beta^u\right]\in\Gamma_\beta}\left(\begin{array}{l}\left(\varphi\left(s_{\theta(\alpha)}\right)r_\alpha^l-\varphi\left(s_{\theta(\beta)}\right)r_\beta^l\right)^2\\+\left(\varphi\left(s_{\theta(\alpha)}\right)r_\alpha^u-\varphi\left(s_{\theta(\beta)}\right)r_\beta^u\right)^2\end{array}\right)\right)^{\frac{1}{2}}$$

其中，$\#\Gamma_\alpha$ 和 $\#\Gamma_\beta$ 各自为 Γ_α 和 Γ_β 中的元素数量。

本部分给出了一个数字示例，表明张提出的距离测度在某些情况下无法正确计算距离，以便于理解所用理论。

设 $\alpha_1=\langle s_5,\{[0.14,0.38],[0.41,0.49],[0.54,0.60]\}\rangle$

$\alpha_2=\langle s_5,\{[0.13,0.30],[0.46,0.62],[0.70,0.86]\}\rangle$

$\alpha_3=\langle s_6,\{[0.23,0.39],[0.51,0.85]\}\rangle$

且语言尺度函数为 $\phi(s_i)=i/2t$。

根据前述等式，得到 $d(\alpha_1,\alpha_2)=d(\alpha_2,\alpha_3)=0.4037$。之前研究成果中定义的距离测量无法区分正差异和负差异。有必要提出一些新的距离度量，以克服现有研究成果中距离度量的不足。

（二）第四方物流合作伙伴选择场景

一是定性模糊多属性决策的一个主要应用方向是供应商选择。对康养供应链来说，物流服务集成商的上游供应商就是物流服务提供商。把这个问题具体对应到现代物流行业，那么物流服务供应商的选择问题可转化表述为第四方物流选择第三方物流合作伙伴。第四方物流合作伙伴选择问题，为多属性决策赋予了新的时代意义和现实意义。本章所构建的第四方物流供应链为经典的三级供应链模式，即第三方物流企业（物流服务供应商）→第四方物流（物流服务集成商）→购买物流整合服务的重资产企业（物流服务需求方）。

二是从模糊评价的发展情况看，合作伙伴的选择评价方法已经由最简单的模糊菲德尔法、直觉模糊 TOPSIS 法、图犹豫灰关联法，逐步发展为算子更为精密的更高水平模糊决策方法，譬如本书将区间犹豫模糊集与灰关联投影法相结合、将图犹豫模糊集与灰关联妥协双向投影法相结合、将 Fermatean 模糊集与 Dombi 幂 Heronian 平均算子相结合、将语言复 t-球面模糊集与 Dombi 加权幂分 Heronian 平均算子相结合，以形成更为敏捷和准确的评价结果。

二、康养供应链的第四方物流合作伙伴选择场景

（一）区间犹豫模糊多属性决策问题

在实际决策过程中，决策者一般难以给出完全确定的决策信息，现实中给出的通常是带有个人偏好的模糊、犹豫信息。犹豫模糊集允许某一个元素对集合的隶属度以若干可能值的集合的形式给出，在决策时能够更加贴切地描述决策者在几个可能值间的犹豫状态，日益广泛地应用于多属性决策问题的研究。尽管犹豫模糊数在表达决策信息时具有一系列优点，但仍有一定的局限性。当要求用精确的数值来表达决策者的犹豫状态时，决策者借助犹豫模糊数无法使用精确的犹豫值来表达偏好信息。区间数形式的犹豫模糊数较传统犹豫模糊数能够更为贴近决策者的认知现实，由此本章展开决策信息为区间犹豫模糊数形式的多属性决策问题的研究。

设 $S=(A,C,W)$为区间犹豫模糊多属性决策系统，$A=\{A_1, A_2, \cdots, A_m\}$为备选方案集，其中$A_i(i=1, 2, \cdots, m)$表示第 i 个备选方案；$C=\{C_1, C_2, \cdots, C_n\}$为属性集，其中$C_j(j=1, 2, \cdots, n)$表示第 j 个属性；$\boldsymbol{W}=(w_1, w_2, \cdots, w_n)^{\mathrm{T}}$为属性权重向量，$W_j(j=1, 2, \cdots, n)$表示第 j 个属性的权重，满足$w_j \geqslant 0, \sum_{j=1}^{n} w_j=1$假设属性的权重是完全未知的。供应链核心企业决策者通过使用区间犹豫模糊语言数来表达他们的评估值，$\tilde{h}_{ij}=\left\langle s_{\theta(\tilde{h}_{ij})}, \Gamma_{hij}\right\rangle$是备选方案$A_i$相对于属性$C_j$的评估值。其中$s_{\theta(\tilde{h}_{ij})} \in S=(s_0, s_1, \cdots, s_6)$，决策矩阵$\tilde{\boldsymbol{H}}=\left[\tilde{h}_{ij}\right]_{m\times n}$构造如下：

$$
\tilde{\boldsymbol{H}}=\begin{bmatrix}
\tilde{h}_{11} & \tilde{h}_{12} & \cdots & \tilde{h}_{1n} \\
\tilde{h}_{21} & \tilde{h}_{22} & \cdots & \tilde{h}_{2n} \\
\vdots & \vdots & & \vdots \\
\tilde{h}_{m1} & \tilde{h}_{m2} & \cdots & \tilde{h}_{mn}
\end{bmatrix}
$$

（二）决策方法步骤

本章提出了一种新的灰关联双向投影法来处理区间犹豫模糊语言模型的多属性决策问题。该方法的步骤如下：

步骤 1：规范化决策矩阵。

在实际应用中，有两种类型的标准：效益标准和成本标准。本章需要通过将成本标准转化为效益标准来规范决策矩阵，该方法已在文献中提出。

步骤 2：确定理想的解决方案。

用新的比较方法确定区间犹豫模糊语言正理想解（IVHFLPIS）$\tilde{h}_j^+ = \max_{1\leqslant i\leqslant m}\tilde{h}_{ij}$ 和区间犹豫模糊语言负理想解（IVHFLNIS）$\tilde{h}_j^- = \min_{1\leqslant i\leqslant m}\tilde{h}_{ij}$。

步骤 3：计算灰关联系数。

$$r_{ij}^+ = \left(\frac{\max\limits_i \max\limits_j d_{ij}^+ - d_{ij}^+}{\max\limits_i \max\limits_j d_{ij}^+ - \min\limits_i \min\limits_j d_{ij}^+}\right)^{\rho}$$

$$r_{ij}^- = \left(\frac{\max\limits_i \max\limits_j d_{ij}^- - d_{ij}^-}{\max\limits_i \max\limits_j d_{ij}^- - \min\limits_i \min\limits_j d_{ij}^-}\right)^{\rho}$$

其中，$\rho\in[0,1]$ 表示区分系数，d_{ij} 和 d_j^+ 之间的距离 d_{ij}^+，d_{ij} 和 d_j^- 之间距离计算如下 d_{ij}^-：

$$d_{ij}^+ = \left(\frac{1}{2}\left(\frac{1}{\#\Gamma_{ij}\#\Gamma_{j+}}\sum_{[r_{ij}^l,r_{ij}^u]\in\Gamma_{ij}}\sum_{[r_{j+}^l,r_{j+}^u]\in\Gamma_{j+}}\left(\frac{\left|\varphi\left(s_{\theta(ij)}\right)r_{ij}^l - \varphi\left(s_{\theta(j+)}\right)r_{j+}^l\right|^{\lambda}}{2} + \frac{\left|\varphi\left(s_{\theta(ij)}\right)r_{ij}^u - \varphi\left(s_{\theta(j+)}\right)r_{j+}^u\right|^{\lambda}}{2}\right)\right)\right. +$$

$$\left.\max_{[r_{ij}^l,r_{ij}^u]\in\Gamma_{ij},[r_{j+}^l,r_{j+}^u]\in\Gamma_{j+}}\left(\frac{\left|\varphi\left(s_{\theta(ij)}\right)r_{ij}^l - \varphi\left(s_{\theta(j+)}\right)r_{j+}^l\right|^{\lambda}}{2} + \frac{\left|\varphi\left(s_{\theta(ij)}\right)r_{ij}^u - \varphi\left(s_{\theta(j+)}\right)r_{j+}^u\right|^{\lambda}}{2}\right)\right)^{1/\lambda}$$

$$d_{ij}^{-}=\left(\frac{1}{2}\left(\frac{1}{\#\Gamma_{ij}\#\Gamma_{j-}}\sum_{[r_{ij}^{l},r_{ij}^{u}]\in\Gamma_{ij}}\sum_{[r_{j-}^{l},r_{j-}^{u}]\in\Gamma_{j-}}\left(\frac{\left|\varphi\left(s_{\theta(ij)}\right)r_{ij}^{l}-\varphi\left(s_{\theta(j-)}\right)r_{j-}^{l}\right|^{\lambda}}{2}+\frac{\left|\varphi\left(s_{\theta(ij)}\right)r_{ij}^{u}-\varphi\left(s_{\theta(j-)}\right)r_{j-}^{u}\right|^{\lambda}}{2}\right)\right)+\right.$$

$$\left.\max_{[r_{ij}^{l},r_{ij}^{u}]\in\Gamma_{ij},[r_{j-}^{l},r_{j-}^{u}]\in\Gamma_{j-}}\left(\frac{\left|\varphi\left(s_{\theta(ij)}\right)r_{ij}^{l}-\varphi\left(s_{\theta(j-)}\right)r_{j-}^{l}\right|^{\lambda}}{2}+\frac{\left|\varphi\left(s_{\theta(ij)}\right)r_{ij}^{u}-\varphi\left(s_{\theta(j-)}\right)r_{j-}^{u}\right|^{\lambda}}{2}\right)\right)^{1/\lambda}$$

然后，区间犹豫模糊语言正理想解和区间犹豫模糊语言正理想解之间的灰关联系数 r_0^{+}，以及区间犹豫模糊语言负理想解区间犹豫模糊语言负理想解之间的灰关联系数 r_0^{-} 如下所示：

$$r_0^{+}=\left(r_{01}^{+},\ r_{02}^{+},\ \cdots,\ r_{0n}^{+}\right)=\underbrace{1,\ 1,\ \cdots,\ 1}_{n}$$

$$r_0^{-}=\left(r_{01}^{-},\ r_{02}^{-},\ \cdots,\ r_{0n}^{-}\right)=\underbrace{1,\ 1,\ \cdots,\ 1}_{n}$$

因此，计算加权灰关联系数 $R_{ij}^{+}=w_j r_{ij}^{+}$ 和 $R_{ij}^{-}=w_j r_{ij}^{-}$，类似地，本章得到：

$$R_0^{+}=\left(w_1 r_{01}^{+},\ w_2 r_{02}^{+},\ \cdots,\ w_n r_{0n}^{+}\right)=\left(w_1,\ w_2,\ \cdots,\ w_n\right)$$

$$R_0^{-}=\left(w_1 r_{01}^{-},\ w_2 r_{02}^{-},\ \cdots,\ w_n r_{0n}^{-}\right)=\left(w_1,\ w_2,\ \cdots,\ w_n\right)$$

步骤 4：确定标准的权重向量。

确定属性的权重向量的几种方法，如理想解方法、信息熵方法、粒度计算方法和最小偏差方法。本书计算了灰关联系数，为了方便起见，本章构造了最小偏差优化模型来确定属性的权重向量。此外，本章把灰关联深度系数视作限制因素之一，它可以反映每个属性下偏好值的内在变化的显著程度。优化模型建立如下：

$$\min Z(x)=\sum_{i=1}^{m}\sum_{j=1}^{n}\left(\left(1-r_{ij}^{+}\right)w_j\right)^2$$

$$
\text{s.t.}\begin{cases}\sum_{j=1}^{n} w_j = 1\\ 0 \leqslant w_j \leqslant 1\\ \min \dfrac{r_{ij}^{+}}{\sum_{i=1}^{n} r_{ij}^{+}} \leqslant w_j \leqslant \max \dfrac{r_{ij}^{+}}{\sum_{i=1}^{n} r_{ij}^{+}}\end{cases}
$$

步骤 5：计算加权灰关联双向投影值。

相关文献提出了双向投影方法，以解决经典投影方法引起的单向偏差问题。将加权灰关联系数与双向投影方法相结合，提出了加权灰关联双向投影公式。R_i^{+} 和 R_0^{+} 之间以及 R_i^{-} 和 R_0^{-} 之间的加权灰色关系双向投影值计算如下：

$$
\mathrm{BP}_{\mathrm{i}}^{+} = \frac{1}{1+\left|\dfrac{\mathrm{R}_{\mathrm{i}}^{+}\mathrm{R}_{0}^{+}}{\mathrm{R}_{\mathrm{i}}^{+}} - \dfrac{\mathrm{R}_{\mathrm{i}}^{+}\mathrm{R}_{0}^{+}}{\mathrm{R}_{0}^{+}}\right|} = \frac{\left|\mathrm{R}_{\mathrm{i}}^{+}\right|\left|\mathrm{R}_{0}^{+}\right|}{\left|\mathrm{R}_{\mathrm{i}}^{+}\right|\left|\mathrm{R}_{0}^{+}\right| + \left\|\mathrm{R}_{\mathrm{i}}^{+}\right| - \left|\mathrm{R}_{0}^{+}\right\|\mathrm{R}_{\mathrm{i}}^{+}\mathrm{R}_{0}^{+}}
$$

$$
\mathrm{BP}_{\mathrm{i}}^{-} = \frac{1}{1+\left|\dfrac{\mathrm{R}_{\mathrm{i}}^{-}\mathrm{R}_{0}^{-}}{\mathrm{R}_{\mathrm{i}}^{-}} - \dfrac{\mathrm{R}_{\mathrm{i}}^{-}\mathrm{R}_{0}^{-}}{\mathrm{R}_{0}^{-}}\right|} = \frac{\left|\mathrm{R}_{\mathrm{i}}^{-}\right|\left|\mathrm{R}_{0}^{-}\right|}{\left|\mathrm{R}_{\mathrm{i}}^{-}\right|\left|\mathrm{R}_{0}^{-}\right| + \left\|\mathrm{R}_{\mathrm{i}}^{-}\right| - \left|\mathrm{R}_{0}^{-}\right\|\mathrm{R}_{\mathrm{i}}^{-}\mathrm{R}_{0}^{-}}
$$

步骤 6：计算相对接近度并对备选方案进行排名。

受 TOPSIS 方法思想的启发，本章构造了相对贴近度如下：

$$
\widetilde{C}_i = \frac{BP_i^{+}}{BP_i^{+} + BP_i^{-}}
$$

根据 $\widetilde{C}_i$ 中的每一个方案，按降序获得备选方案的排名。

（三）算例验证

在现代物流业高速发展和高度繁荣的今天，假设某综合性第四方物流企业以行业创新者的形态出现，该企业在物流服务供应链上处于核心地位。该行业创新者企业计划选择 5 家物流服务供应商，参与到其物流服务供应体系中去。行业创新者设定了以下四个标准去评价 5 家第三方物流服务供应商：运营协调能力（C_1）、信息管理能力（C_2）、服务水平（C_3）、服务价格（C_4）。在数据方面，本章引用相关文献的示例数据。本章假设属性的权重向量是完全未知的。决策者通过使用区间犹豫模糊语言数来表达他们的偏好值，并且语言术语集为 $S=\{s_0, s_1, s_2, s_3, s_4, s_5, s_6\}=\{\text{very poor, poor, slightly poor, fair, slightly good, good, very good}\}$。

区间犹豫模糊语言决策矩阵 $\tilde{H}=\left[\tilde{h}_{ij}\right]_{5\times4}$ 如下所示：

$$\alpha=\begin{bmatrix} \langle s_4,\{[0.3,0.5]\}\rangle & \langle s_5,\{[0.2,0.3],[0.4,0.5]\}\rangle & \langle s_4,\{[0.5,0.6],[0.7,0.8]\}\rangle & \langle s_3,\{[0.4,0.5]\}\rangle \\ \langle s_2,\{[0.2,0.3],[0.5,0.8]\}\rangle & \langle s_4,\{[0.3,0.4],[0.4,0.7]\}\rangle & \langle s_3,\{[0.6,0.8]\}\rangle & \langle s_4,\{[0.3,0.4],[0.5,0.6]\}\rangle \\ \langle s_3,\{[0.3,0.4],[0.5,0.7]\}\rangle & \langle s_4,\{[0.3,0.5]\}\rangle & \langle s_6,\{[0.7,0.8],[0.8,0.9]\}\rangle & \langle s_2,\{[0.6,0.7]\}\rangle \\ \langle s_2,\{[0.3,0.4],[0.4,0.5],[0.5,0.6]\}\rangle & \langle s_3,\{[0.5,0.7]\}\rangle & \langle s_2,\{[0.3,0.5],[0.6,0.8]\}\rangle & \langle s_2,\{[0.8,0.9]\}\rangle \\ \langle s_5,\{[0.3,0.6],[0.7,0.9]\}\rangle & \langle s_5,\{[0.4,0.6]\}\rangle & \langle s_3,\{[0.5,0.7],[0.8,0.9]\}\rangle & \langle s_4,\{[0.7,0.8]\}\rangle \end{bmatrix}$$

按照第（二）部分的计算步骤，带入验证数据，可得出最终结果。

根据 $\widetilde{C}_i$ 的计算结果对备选方案进行排名，排名结果为 $A_5>A_3>A_1>A_2>A_4$。

本节小结

本节主要研究区间犹豫模糊环境下的多属性决策问题。本节研究对象为包含了区间犹豫模糊语言信息的多属性决策问题，结合灰关联投影方法对此类模糊情境的处理进行了扩展。为了更有效地理解区间犹豫模糊语言数，本节首先提出了一种新的区间犹豫语言数比较方法。其次，为了克服现有措施的缺点，引入了新的距离测度。再次，在所提出的区间犹豫模糊语言数的比较方法和距离测度的基础上，提出了一种扩展的灰关联投影方法来处理多属性决策问题。此外，本节还建立了一个非线性优化模型来获得准则的权重向量。最后，以康养供应链上的第四方物流合作伙伴选择问题作为算例，通过实例验证了该方法的有效性和适用性。

第三节 基于图犹豫模糊灰关联妥协双向投影的多属性决策方法

一、图犹豫模糊灰关联妥协双向投影的理论基础

（一）图犹豫模糊集

总体而言，关于模糊多属性决策的研究尚处于起步阶段，尤其是模糊集及其拓展集，对于偏好信息的表征仍具有一定的局限性。一些研究者在模糊集和直觉模糊集的基础上，进一步提出了图模糊集的定义。图模糊集包含四部分的不确定信息：赞成、中立、反对、弃权，所呈现的信息量更丰富，能够更为完整地刻画出不确定偏好信息，进而图模糊多属性决策方法受到学者们的广泛关注。虽然更为完善，但是图模糊集依然无法反映犹豫状态，后续研究者提出的图犹豫模糊集，作为图模糊集的拓展形式，允许某个元素对集合的隶属度以几个可能值的形式给出，是处理模糊决策问题强有力的度量工具。

定义 4.6 令 X 为一非空集合，则定义在 X 上的图犹豫模糊集(PHFS)为：

$$A=\{\langle x,\mu_A(x),\eta_A(x),\nu_A(x)\rangle | x\in X\}$$

其中，$\mu_A(x)$，$\eta_A(x)$，$\nu_A(x)$为[0,1]上可能取值的集合，分别表示在集合 A 上 $x\in X$ 的若干个可能的积极隶属度、中立隶属度及消极隶属度，且满足约束条件 $0\leqslant\gamma,\delta,\zeta\leqslant 1, 0\leqslant\gamma^{+}+\delta^{+}+\zeta^{+}\leqslant 1$。

其中对于 $x\in X,\gamma\in\mu_A(x),\delta\in\eta_A(x),\zeta\in\nu_A(x),\gamma^{+}\in\mu_A^{+}(x)=\bigcup_{\gamma\in\mu_A(x)}\max\{\gamma\},\delta^{+}\in\eta_A^{+}(x)$ $=\bigcup_{\delta\in\eta_A(x)}\max\{\delta\},\zeta^{+}\in\nu_A^{+}(x)=\bigcup_{\eta\in\nu_A(x)}\max\{\zeta\}$，方便起见，称 $\{\mu_A(x),\eta_A(x),\nu_A(x)\}$ 为图犹豫模糊数(PHFN)，简记为 $\alpha=\{\mu,\eta,\nu\}$。

考虑到描述统计中集中趋势测量与离散趋势测量能够有效表征元素大小与波动情况，而均值是典型的集中趋势测度值，标准差是典型的离散趋势测度

值，故综合考虑元素大小及波动情况的偏离程度。本书基于均值和标准差提出图犹豫模糊统计距离公式，能够充分体现图犹豫模糊数的分歧程度，且有效避免元素个数的统一化处理。

定义 4.7 设$\alpha=\{\mu,\ \eta,\ \nu\}$为任意的图犹豫模糊数，则图犹豫模糊积极隶属度、中立隶属度及消极隶属度的均值分别为：

$$E_{\mu}(\alpha)=\frac{\sum_{\gamma\in\mu}\gamma}{\#\mu}$$

$$E_{\eta}(\alpha)=\frac{\sum_{\delta\in\eta}\delta}{\#\eta}$$

$$E_{\nu}(\alpha)=\frac{\sum_{\zeta\in\nu}\zeta}{\#\nu}$$

图犹豫模糊积极隶属度、中立隶属度及消极隶属度的标准差分别为：

$$S_{\mu}(\alpha)=\sqrt{\frac{\sum_{\gamma\in\mu}\left(\gamma-E_{\mu}(\alpha)\right)^2}{\#\mu}}$$

$$S_{\eta}(\alpha)=\sqrt{\frac{\sum_{\delta\in\eta}\left(\delta-E_{\eta}(\alpha)\right)^2}{\#\eta}}$$

$$S_{\nu}(\alpha)=\sqrt{\frac{\sum_{\zeta\in\nu}\left(\zeta-E_{\nu}(\alpha)\right)^2}{\#\nu}}$$

其中，$\#\mu,\ \#\eta,\ \#\nu$分别表示$\mu,\ \eta,\ \nu$中元素的个数。

定义 4.8 设α_1和α_2为任意两个图犹豫模糊数，则α_1和α_2的标准广义统计距离为：

$$D_{hg}(\alpha_1,\alpha_2)=\left(\frac{1}{2}\left(\frac{\left|E_{\mu}(\alpha_1)-E_{\mu}(\alpha_2)\right|^{\lambda}+\left|E_{\eta}(\alpha_1)-E_{\eta}(\alpha_2)\right|^{\lambda}+\left|E_{\nu}(\alpha_1)-E_{\nu}(\alpha_2)\right|^{\lambda}}{3}+\frac{\left|S_{\mu}(\alpha_1)-S_{\mu}(\alpha_2)\right|^{\lambda}+\left|S_{\eta}(\alpha_1)-S_{\eta}(\alpha_2)\right|^{\lambda}+\left|S_{\nu}(\alpha_1)-S_{\nu}(\alpha_2)\right|^{\lambda}}{3}\right)\right)^{1/\lambda}$$

为进行图犹豫模糊数的比较，基于得分函数和精确函数给出对比方法。已有图犹豫模糊数的得分函数及精确函数仅考虑元素的集中程度，此种仅依据元素集中程度的对比结果较为粗糙，常出现对比失效的情况，为此，类似于统计距离测度，综合考虑元素集中趋势和离散趋势，联合均值与方差提出图犹豫模糊数的统计比较方法。

定义 4.9 令$\alpha=\{\mu, \eta, \nu\}$为任意的图犹豫模糊数，则其得分函数及精确函数分别为

$$H(\alpha)=1+\left(E_\mu(\alpha)\cdot\left(1-\left(S_\mu(\alpha)\right)^2\right)\right)-\left(E_\eta(\alpha)\cdot\left(1-\left(S_\eta(\alpha)\right)^2\right)\right)-\left(E_\nu(\alpha)\cdot\left(1-\left(S_\nu(\alpha)\right)^2\right)\right)$$
$$P(\alpha)=\left(E_\mu(\alpha)\cdot\left(1-\left(S_\mu(\alpha)\right)^2\right)\right)+\left(E_\eta(\alpha)\cdot\left(1-\left(S_\eta(\alpha)\right)^2\right)\right)+\left(E_\nu(\alpha)\cdot\left(1-\left(S_\nu(\alpha)\right)^2\right)\right)$$

对于任意两个图犹豫模糊数α_1和α_2，若$H(\alpha_1)>H(\alpha_2)$，则$\alpha_1>\alpha_2$；若$H(\alpha_1)=H(\alpha_2)$且$P(\alpha_1)=P(\alpha_2)$，则$\alpha_1=\alpha_2$，若$P(\alpha_1)>P(\alpha_2)$，则$\alpha_1>\alpha_2$。

（二）康养供应链绩效评价

如欲理解清楚康养供应链绩效指标评价问题的外延、内涵，我们需渐次明确康养供应链绩效评价与传统绩效评价的区别、康养供应链绩效评价的作用等内容。

一是康养供应链绩效评价要求更为全面。首先，传统绩效评价仅对单个企业进行自身分析，而康养供应链的评价指标则更加集成化，评价方是从整条供应链的运行效率角度研究，对绩效评价指标的运用着眼于优化整条供应链运作效率。其次，传统绩效评价主要关注点在企业内部，而供应链绩效评价在对企业内部运行开展评价同时，也同时关注外部链条的运行效率，需要确保企业内外部均衡运行。最后，传统绩效评价主要关注成本利润等财务指标，而康养供应链绩效评价则同步关注财务指标与非财务指标，会通盘考虑个别企业及供应链整体的短期目标与长期发展。

二是康养供应链绩效评价发挥关键作用。康养供应链绩效评价综合反映了供应链整体运营状况，绩效评价是寻找发展约束条件的重要途径，也是优化配置资源的前提和基础，不仅能够通过评价了解供应链企业的运营情况，更重要

的是能够优化企业或供应链的业务流程。康养供应链绩效评价能够引起供应链节点企业的重视，在供应链体系中建立激励机制，突破了节点企业内部观念的限制，扩展到企业集群之间，促进各企业共同进步，重新分配所获利益。康养供应链绩效评价能够反映供应链竞争力，当前，个别企业间的竞争已经被供应链间的竞争所替代。在这种趋势下，供应链管理整体绩效成为衡量供应链水平的综合指标，只有每个节点企业都以整条供应链利益最大化为思考前提，才可能共同形成供应链整体竞争优势。

二、康养供应链绩效评价场景

（一）图犹豫模糊多属性决策问题

设 $S=(A, C, \boldsymbol{W})$ 为图犹豫模糊多属性服务推荐系统，$A=\{A_1, A_2, \cdots, A_m\}$ 为备选推荐供应链集合，其中 $A_i(i=1, 2, \cdots, m)$ 表示第 i 条供应链绩效评价项目；$C=\{C_1, C_2, \cdots, C_n\}$ 为属性集，其中 $C_j(j=1, 2,\cdots, n)$ 表示第 j 个属性；$\boldsymbol{W}=(w_1, w_2,\cdots, w_n)^{\mathrm{T}}$ 为属性权重向量，$w_j \in [0,1]$，$\sum_{j=1}^{n} w_j = 1$，本书假设属性权重均未知；α_{ij} 为图犹豫模糊数，表示评价供应链 A_i 在属性 C_j 下的评价值，构成图犹豫模糊决策矩阵 $\boldsymbol{a}=\left[\alpha_{ij}\right]_{m\times n}$。

（二）决策方法步骤

下面给出图犹豫模糊灰色妥协关联双向投影多属性决策步骤。

步骤 1：依据得分函数确定图犹豫模糊正负理想解。

图犹豫模糊正理想解为：

$$\alpha^{+}=\left\{\left(\left[\alpha_{ij}\right]_{m\times n}\right):\max_{m}\left[H\left(\left[\alpha_{ij}\right]_{m\times n}\right)\right]\right\}$$

图犹豫模糊负理想解为：

$$\alpha^{-}=\left\{\left(\left[\alpha_{ij}\right]_{m\times n}\right):\min_{m}\left[H\left(\left[\alpha_{ij}\right]_{m\times n}\right)\right]\right\}$$

步骤 2：计算灰色妥协关联度。

各备选推荐项目与图犹豫模糊正理想解之间的灰关联系数、各备选推荐项目与图犹豫模糊负理想解之间的灰关联系数分别为：

$$r_{ij}^{+}=\frac{\min_i\min_j D_{ij}^{+}+\theta\max_i\max_j D_{ij}^{+}}{D_{ij}^{+}+\theta\max_i\max_j D_{ij}^{+}}$$

$$r_{ij}^{-}=\frac{\min_i\min_j D_{ij}^{-}+\theta\max_i\max_j D_{ij}^{-}}{D_{ij}^{-}+\theta\max_i\max_j D_{ij}^{-}}$$

其中 D_{ij}^{+} 表示 α_{ij} 与 α^{+} 之间的标准广义统计距离，D_{ij}^{-} 表示 α_{ij} 与 α^{-} 之间的标准广义统计距离。

图犹豫模糊正、负理想解与其自身的灰色关联系数分别为：

$$r_0^{+}=\left(r_{01}^{+},\ r_{02}^{+},\ \cdots,\ r_{0n}^{+}\right)=\underbrace{1,1,\cdots,1}_{n}$$

$$r_0^{-}=\left(r_{01}^{-},\ r_{02}^{-},\ \cdots,\ r_{0n}^{-}\right)=\underbrace{1,1,\cdots,1}_{n}$$

在反映属性相对重要程度的基础上引入妥协思想，以解决属性间存在冲突问题，由此构造加权图犹豫模糊妥协关联度：

$$CR_i^{+}=\rho\sum_{j=1}^{n}w_j r_{ij}^{+}+(1-\rho)\max\left(w_j r_{ij}^{+}\right)$$

$$CR_i^{-}=\rho\sum_{j=1}^{n}w_j r_{ij}^{-}+(1-\rho)\max\left(w_j r_{ij}^{-}\right)$$

相似地有：

$$CR_0^{+}=\rho\sum_{j=1}^{n}w_j+(1-\rho)\max w_j$$

$$CR_0^{-}=\rho\sum_{j=1}^{n}w_j+(1-\rho)\max w_j$$

步骤 3：计算各属性权重。

属性的权重分配是多属性推荐研究中的重要工作，合理的赋权会使推荐结果更加科学。为避免主观人为因素影响，本书选用客观赋权——CRITIC 法。该方法基于属性间的对比强度和冲突性来度量各属性的权重，其优势在于能够综合考虑属性间的关联性和差异性。

（1）属性间相关系数如下：

$$PHFCC_{jt}=\frac{\sum_{i=1}^{m}\left(H\left(\alpha_{ij}\right)-H\left(\alpha_{j}\right)\right)\cdot\left(H\left(\alpha_{it}\right)-H\left(\alpha_{t}\right)\right)}{\sqrt{\sum_{i=1}^{m}\left(H\left(\alpha_{ij}\right)-H\left(\alpha_{j}\right)\right)^{2}}\cdot\sqrt{\sum_{i=1}^{m}\left(H\left(\alpha_{it}\right)-H\left(\alpha_{t}\right)\right)^{2}}},\ j,\ t=1,\ 2,\ \cdots,\ n$$

其中，$H\left(\alpha_{j}\right)=\frac{1}{m}\sum_{i=1}^{m}H\left(\alpha_{ij}\right)$和$H\left(\alpha_{t}\right)=\frac{1}{m}\sum_{i=1}^{m}H\left(\alpha_{it}\right)$。

（2）属性的标准离差如下：

$$PHFSD_{j}=\sqrt{\frac{1}{m}\sum_{i=1}^{m}\left(H\left(\alpha_{ij}\right)-H\left(\alpha_{j}\right)\right)^{2}},\ j=1,\ 2,\ \cdots,\ n$$

其中，$H\left(\alpha_{j}\right)=\frac{1}{m}\sum_{i=1}^{m}H\left(\alpha_{ij}\right)$。

（3）属性的权重如下：

$$w_{j}=\frac{PHFSD_{j}\sum_{t=1}^{n}\left(1-PHFCC_{jt}\right)}{\sum_{j=1}^{n}\left(PHFSD_{j}\sum_{t=1}^{n}\left(1-PHFCC_{jt}\right)\right)},\ j=1,\ 2,\ \cdots,\ n$$

其中，$w_{j}\in[0,1]$和$\sum_{j=1}^{n}w_{j}=1$。

步骤 4：计算加权图犹豫模糊灰色妥协关联双向投影值。

相关文献提出的双向投影法能够有效避免传统投影法存在单方向偏差问题，本书联合灰色妥协关联分析和双向投影法，提出灰色妥协关联双向投影法。各备选推荐项目在图犹豫模糊正理想解，各备选推荐项目在图犹豫模糊负理想解上的加权灰色妥协关联双向投影，如下：

$$\mathrm{BP}_{\mathrm{i}}^{+}=\frac{1}{1+\left|\frac{\mathrm{CR}_{\mathrm{i}}^{+}\mathrm{CR}_{0}^{+}}{\left|\mathrm{CR}_{\mathrm{i}}^{+}\right|}+\frac{\mathrm{CR}_{\mathrm{i}}^{+}\mathrm{CR}_{0}^{+}}{\left|\mathrm{CR}_{0}^{+}\right|}\right|}=\frac{\left|\mathrm{CR}_{\mathrm{i}}^{+}\right|\left|\mathrm{CR}_{0}^{+}\right|}{\left|\mathrm{CR}_{\mathrm{i}}^{+}\right|\left|\mathrm{CR}_{0}^{+}\right|+\left|\left|\mathrm{CR}_{\mathrm{i}}^{+}\right|-\left|\mathrm{CR}_{0}^{+}\right|\right|\mathrm{CR}_{\mathrm{i}}^{+}\mathrm{CR}_{0}^{+}}$$

$$\mathrm{BP}_i^- = \frac{1}{1+\left|\dfrac{\mathrm{CR}_i^-\mathrm{CR}_0^-}{\left|\mathrm{CR}_i^-\right|}+\dfrac{\mathrm{CR}_i^-\mathrm{CR}_0^-}{\left|\mathrm{CR}_0^-\right|}\right|} = \frac{\left|\mathrm{CR}_i^-\right|\left|\mathrm{CR}_0^-\right|}{\left|\mathrm{CR}_i^-\right|\left|\mathrm{CR}_0^-\right|+\left|\left|\mathrm{CR}_i^-\right|-\left|\mathrm{CR}_0^-\right|\right|\mathrm{CR}_i^-\mathrm{CR}_0^-}$$

步骤 5：计算各备选推荐项目相对贴近度，并据此对推荐项目进行排序。

$$\widetilde{C}_i = \frac{BP_i^+}{BP_i^+ + BP_i^-}$$

（三）算例验证

为说明本书所提出的图犹豫模糊灰色妥协关联双向投影法的有效性，并证明该方法能够改善康养供应链运行绩效，运用实证算例进行阐释分析。某一供应链运营高级专家组，受委托对 4 条康养供应链企业集群开展绩效评价。鉴于巨型供应链企业群的信息庞杂程度，专家组采用模糊环境下的多属性决策方法处理评价信息。为了解决传统灰色关联投影法区分度不高的技术缺陷，且考虑到属性间的相互冲突情形，本章联合灰色妥协关联分析与双向投影法，提出一种新的多属性分析方法。专家组用上文所述的 6 个一级指标对 4 条物流服务供应链绩效进行评价排序。C_1：服务满意度，C_2：财务状况，C_3：合作水平，C_4：内部运营，C_5：成长前景，C_6：非市场因素。专家组对绩效评价指标进行评价，某物流服务供应链企业群 A_i 在 C_j 下的评价值用图犹豫模糊数 a_{ij} 表示，构成图犹豫模糊推荐矩阵 $\boldsymbol{a}=\left[\alpha_{ij}\right]_{6\times4}$。

各康养供应链企业群排序结果为 $A_1 > A_2 > A_4 > A_3$。

本节小结

本节主要研究图犹豫模糊环境下的多属性决策问题。研究对象为包含了图犹豫模糊信息的多属性决策问题，运用描述统计中的集中趋势测量与离散趋势测量，并引入图犹豫模糊数的信息表达优势，构造图犹豫模糊统计距离公式。针对已有灰关联投影法尚存在适用性差的技术缺陷，提出一种新型灰色妥协关联双向投影法。在此基础上，结合妥协思想与双向投影技术，提出图犹豫模糊灰色妥协关联双向投影多属性推荐方法。间接验证了图犹豫模糊统计距离及灰色妥协关联双向投影法的合理性，直接验证了该方法的有效性及优越性。最终，以康养供应链绩效评价情境作为算例，通过实例验证了该方法行之有效。

第四节　基于 Fermatean 模糊 Dombi 幂 Heronian 平均算子的多属性决策方法

一、Fermatean 模糊 Dombi 幂 Heronian 平均算子的理论基础

（一）Fermatean 模糊集

在 Zadeh 的经典模糊集理论基础之上，模糊多属性决策的研究得到了长足发展。但是随着评估问题逐步复杂，仅能够表征隶属度的一般模糊集理论已经无法满足日益增长的多属性决策需求。一些研究者设计了能够表达高度不确定偏好信息的 Fermatean 模糊集，拓宽了不确定信息的描述维度，将隶属度和非隶属度的立方和定义于 0 和 1 之间。Fermatean 模糊集对于不确定信息具有灵活表现优势，有效弥补了直觉模糊集和 Pythagorean 模糊集等先前模糊理论的空白，具有非常广泛的应用前景。

定义 **4.10**　设 X 是一个非空集合，则在 X 上的 Fermatean 模糊集(FFSs) 定义为：

$$\mathcal{F}=\left\{<x,\ \gamma_F(x),\ \delta_F(x)>: x\in X\right\}$$

其中，$\gamma_F(x): X\to[0,\ 1]$，$\delta_F(x): X\to[0,\ 1]$。

对于任意的x，满足条件：

$$0 \leqslant (\gamma_F(x))^3 + (\delta_F(x))^3 \leqslant 1$$

其中，$\gamma_F(x)$表示满意度，$\delta_F(x)$表示不满意度。

对于 Fermatean 模糊数，当$x \in X$，犹豫模糊度可表示为：

$$\pi_F(x) = \sqrt[3]{1 - (\gamma_F(x))^3 - (\delta_F(x))^3}$$

为了方便起见，一组模糊数$\left(\gamma_F(x),\ \delta_F(x)\right)$被称作是 Fermatean 模糊数，记作$\mathcal{F} = (\gamma,\ \delta)$。可依据得分函数和精确函数比较两个 Fermatean 模糊数的大小。Fermatean 模糊数的得分函数和精确函数的定义如下：

定义 **4.11** 若$\mathcal{F} = (\gamma,\ \delta)$是一个 Fermatean 模糊数，则其得分函数为：

$$S(\mathcal{F}) = \gamma^3 - \delta^3$$

其中，$-1 \leqslant S(\mathcal{F}) \leqslant 1$。

定义 **4.12** 若$\mathcal{F} = (\gamma,\ \delta)$是一个 Fermatean 模糊数，则其精确函数为：

$$A(\mathcal{F}) = \gamma^3 + \delta^3$$

其中，$0 \leqslant A(\mathcal{F}) \leqslant 1$。

定义 4.13 若$\mathcal{F}_1 = (\gamma_1,\ \delta_1)$，$\mathcal{F}_2 = (\gamma_2,\ \delta_2)$是两个任意的 Fermatean 模糊数。$\mathcal{SF}_1$，$\mathcal{SF}_2$分别是$\mathcal{F}_1$，$\mathcal{F}_2$的得分函数；$A(\mathcal{F}_1)$，$A(\mathcal{F}_2)$分别是$\mathcal{F}_1$，$\mathcal{F}_2$的精确函数，则有：

（1）若$S(\mathcal{F}_1) > S(\mathcal{F}_2)$，则$\mathcal{F}_1 > \mathcal{F}_2$；

（2）若$S(\mathcal{F}_1) < S(\mathcal{F}_2)$，则$\mathcal{F}_1 < \mathcal{F}_2$；

（3）若$S(\mathcal{F}_1) = S(\mathcal{F}_2)$，则有：

①若$A(\mathcal{F}_1) > A(\mathcal{F}_2)$，则$\mathcal{F}_1 > \mathcal{F}_2$；

②若$A(\mathcal{F}_1) < A(\mathcal{F}_2)$，则$\mathcal{F}_1 < \mathcal{F}_2$；

③若$A(\mathcal{F}_1) = A(\mathcal{F}_2)$，则$\mathcal{F}_1 = \mathcal{F}_2$。

定义 4.14 若$\mathcal{F}_1 = (\gamma_1,\ \delta_1)$，$\mathcal{F}_2 = (\gamma_2,\ \delta_2)$是两个任意的 Fermatean 模糊数，则$\mathcal{F}_1$和$\mathcal{F}_2$之间的距离为：

$$d(\mathcal{F}_1,\ \mathcal{F}_2) = \left(\frac{1}{2}|\gamma_1 - \gamma_2|^3 + \frac{1}{2}|\delta_1 - \delta_2|^3\right)^{\frac{1}{3}}$$

（二）康养供应链的仓储枢纽选址

较之于一般的物流仓储节点选址问题，康养供应链的仓储选址具有其自身特点。需要综合考虑行业特性、服务对象需求及供应链效率，并以“精准服务+高效响应”为核心，兼顾政策、成本、风险及技术适配性，形成覆盖广泛、弹性灵活、符合行业规范的供应链网络，支撑康养产业的快速发展和服务质量提升。

一是注重需求导向，贴近服务终端。（1）临近康养机构/社区：优先靠近医院、养老院、康复中心、社区健康服务站等终端，缩短配送半径，满足医疗用品、药品等紧急物资的时效性需求。（2）要覆盖老龄化区域：针对旅游康养城市、养老示范区的老年人口密集或康养产业聚集地区布局，提升响应速度。

二是注意特殊存储条件要求。（1）温控仓储有需求，即药品、生物制剂、保健品等需冷链或恒温存储，选址需评估当地电力稳定性、冷库建设成本及运维能力。（2）在合规性方面，要符合医药GSP、医疗器械等监管标准，确保防尘、防潮、分区管理等仓储设施资质。

三是考虑政策与成本平衡。（1）努力寻找政策红利区，优先选择政府扶持的康养产业园区或经济特区，享受税收减免、土地优惠等政策。（2）考虑成本敏感选址，平衡地价、人力、物流成本。例如，在城郊或卫星城布局，兼顾租金低廉与交通可达性。

四是高效物流网络接入。（1）需靠近多式联运节点，靠近高速公路、铁路货运站或机场，便于快速调拨物资至全国或区域网络。（2）实现“最后一公里”衔接，与社区驿站、无人机配送点等城市配送体系协同，优化末端配送效率。

五是关注风险规避与稳定性。（1）选择自然灾害低发区，避开易发生地震、洪水、泥石流等的高风险区域，保障仓储安全。（2）选择社会稳定性好的地点，即治安良好、供应链中断风险低的地区。

六是注重可扩展性与智能化适配。（1）预留扩展空间，选址周边需有土地储备，适应未来业务增长或 AGV 机器人、智能分拣系统等自动化设备升级。（2）能够支持数字化基建，确保5G网络、物联网覆盖，满足智慧仓储管理系统的技术需求。

七是要能够实现绿色可持续发展。(1)确保环保合规，符合低碳建筑标准，优先选择可再生能源供应充足的区域。（2）实现绿色物流协同，靠近新能源车辆充电网络，支持绿色配送。

八是注重市场与人口结构适配。(1)匹配老龄化指数，针对一线城市郊区、三线康养城市等高龄化率高的城市加密仓储节点。（2）分析消费习惯，结合居家护理设备、健康食品等当地康养产品需求调整库存结构。

二、康养供应链的仓储枢纽选址场景

（一）Fermatean 模糊多属性决策问题

假设 $A=\{A_1, A_2, \cdots, A_m\}$ 表示有 m 备选方案；$C=\{C_1, C_2, \cdots, C_n\}$ 表示有 n 个属性，属性的权重表示为 $W=\{w_1, w_2, \cdots, w_n\}$，其中 $w_i \in [0,1]$，且 $w_1+w_2+\cdots+w_n=1$。用 $\boldsymbol{R}=[F_{ij}]_{m\times n}$ 表示 Fermatean 模糊评价矩阵，$F_{ij}=(\gamma_{ij}, \delta_{ij})$ 表示对于备选方案 A_i 的属性 C_j 的评估结果，γ_{ij} 表示对于备选方案 A_i 的属性 C_j 满意的程度，δ_{ij} 表示对于备选方案 A_i 的属性 C_j 不满意的程度。

（二）决策方法步骤

FFDWPHM 算子被用于解决多属性决策问题，步骤如下：

步骤 1：归一化评价矩阵。在现实决策中，属性通常划分为两种类型：成本属性和收益属性，对于集结结果分别有着积极的影响和消极的影响。为了消除不同属性类型的影响，需要将属性转变为相同类型，将 Fermatean 模糊评价矩阵 $\boldsymbol{R}=[F_{ij}]_{m\times n}$ 转化为规范化 Fermatean 模糊评价矩阵 $\boldsymbol{R}'=[F'_{ij}]_{m\times n}$ 的规则如下：

$$F'_{ij}=\begin{cases}(\gamma_{ij},\delta_{ij}),\text{如果}C_j\text{是收益属性}\\(\delta_{ij},\gamma_{ij}),\text{如果}C_j\text{是成本属性}\end{cases}$$

步骤 2：计算$T(F'_{ij})$。

$$T(F'_{ij})=\sum_{l=1,\,l\neq h}^{n}Sup(\mathcal{F}'_{ih},\ \mathcal{F}'_{il})\ (i=1,\ 2,\ \cdots,m;\ h,\ l=1,\ 2,\ \cdots,\ n)$$

步骤 3：依据 FFDWPHM 算子计算各备选方案的综合评价值。

步骤 4：计算各备选方案的得分函数，若得分值相同再次计算其精确函数。

步骤 5：依据得分函数及精确函数值对所有的备选方案进行排序，选择最佳的备选方案。

（三）算例验证

结合康养供应链场景和相关文献中的算例取值，应用本书所提方法去解决康养供应链仓储枢纽点的选址问题。现拟对 4 个选址地点：A_1，A_2，A_3，A_4进行康养需求相关性的指标评价。评价指标：C_1（基础条件）、C_2（物流成本）、C_3（管理水平）、C_4（转运效率）、C_5（安全性）。5 个指标的相对重要性是$\boldsymbol{W}=(0.2,\ 0.2,\ 0.1,\ 0.3,\ 0.2)^{\mathrm{T}}$，专家给出的 Fermatean 模糊评价矩阵$\boldsymbol{R}=[F_{ij}]_{m\times n}$如表 4-1 所示。例：$C_1(S_1)=(0.7,\ 0.3)$表示专家对于第一个枢纽点的第一个属性的评价结果，0.7 表示对此指标的满意程度，0.3 表示对此指标的不满意程度。

表 4-1 Fermatean 模糊评价矩阵

	C_1	C_2	C_3	C_4	C_5
A_1	（0.7，0.3）	（0.4，0.6）	（0.5，0.5）	（0.8，0.2）	（0.4，0.8）
A_2	（0.5，0.8）	（0.8，0.6）	（0.4，0.5）	（0.7，0.4）	（0.5，0.6）
A_3	（0.9，0.6）	（0.8，0.1）	（0.6，0.4）	（0.7，0.5）	（0.3，0.9）
A_4	（0.6，0.7）	（0.8，0.3）	（0.7，0.2）	（0.5，0.3）	（0.3，0.7）

步骤 1：归一化评价矩阵。因为所有指标均为收益属性，所以此步骤可忽略。

归一化的评价矩阵仍如表 4-1 所示。

步骤 2：根据式 PA 算子计算 $T(F'_{ij}) = \sum_{l=1, l\neq h}^{5} Sup(\mathcal{F}'_{ih}, \mathcal{F}'_{il})$ $(i=1, 2, 3, 4; h, l=1, 2, 3, 4, 5)$可得：

$$
\boldsymbol{T} = \begin{bmatrix} 2.9823 & 2.9887 & 3.0264 & 2.6291 & 2.4435 \\ 2.5447 & 2.4846 & 2.6929 & 2.8862 & 2.9909 \\ 1.9545 & 2.5622 & 2.3668 & 2.7204 & 1.6121 \\ 2.8416 & 2.7008 & 2.9927 & 2.7537 & 2.7785 \end{bmatrix}
$$

步骤 3：根据 FFDWPHM 算子对 Fermatean 模糊评价矩阵进行集成，令 $a=b=1$，$\lambda=3$，得到各位专家的综合评价值：

$$FFDWPHM^{1,1}(\mathcal{F}_{11}, \mathcal{F}_{12}, \mathcal{F}_{13}, \mathcal{F}_{14}, \mathcal{F}_{15}) = (0.6993,\ 0.2572)$$

$$FFDWPHM^{1,1}(\mathcal{F}_{21}, \mathcal{F}_{22}, \mathcal{F}_{23}, \mathcal{F}_{24}, \mathcal{F}_{25}) = (0.6883,\ 0.4937)$$

$$FFDWPHM^{1,1}(\mathcal{F}_{31}, \mathcal{F}_{32}, \mathcal{F}_{33}, \mathcal{F}_{34}, \mathcal{F}_{35}) = (0.8109,\ 0.1338)$$

$$FFDWPHM^{1,1}(\mathcal{F}_{41}, \mathcal{F}_{42}, \mathcal{F}_{43}, \mathcal{F}_{44}, \mathcal{F}_{45}) = (0.6807,\ 0.2785)$$

步骤 4:根据式(4)计算各选址点的得分值：

$S(\mathcal{F}_1)=0.3249$，$S(\mathcal{F}_2)=0.2058$，$S(\mathcal{F}_3)=0.5307$，$S(\mathcal{F}_4)=0.2938$

步骤 5：得到四个应急物流枢纽点的选址评价排序结果为：

$$A_3 > A_1 > A_4 > A_2$$

本节小结

本节主要研究了 Fermatean 模糊环境下的多属性决策问题。以 Fermatean 模糊集为分析对象，以 Dombi 运算为底层规则，以幂平均算子和 Heronian 平均算子为技术要素，提出了不同情况下的一系列 Fermatean 模糊 Dombi 幂 Heronian 平均算子，并将其应用于应急康养供应链仓储枢纽选址问题。这类应用场景的特点是属性间权重是不相同的，而本节所提算子考虑了属性间存在关联性并兼顾整体均衡性的结构特征，融合了 Fermatean 模糊数对于不确定信息的灵活表征优势，能够解决好评价信息存在高度不确定性的问题。算例分析表明了所提出算子的可行性和适用性，在面对复杂的环境和不确定的信息时，本节所提出算子在选址评价中更具有效性和灵活性。

第五节　基于语言复 t-球面模糊 Dombi 加权幂分 Heronian 平均算子的多属性决策方法

一、语言复 t-球面模糊 Dombi 加权幂分 Heronian 平均算子的理论基础

（一）复 t-球面模糊集

定义 4.15　设 X 是一个非空集合，则在 X 上的复 t-球面模糊集(Ct-SFS)定义为：

$$F=\{<x,\ \tilde{\gamma}_F(x),\ \tilde{\delta}_F(x),\ \tilde{\tau}_F(x)>:x\in X\}$$

其中，$\tilde{\gamma}_F(x)=\gamma_F(x)\mathrm{e}^{\mathrm{i}2\pi\sigma_{\gamma F(x)}}$，$\tilde{\delta}_F(x)=\delta_F(x)\mathrm{e}^{\mathrm{i}2\pi\sigma_{\delta F(x)}}$，$\tilde{\tau}_F(x)=\tau_F(x)\mathrm{e}^{\mathrm{i}2\pi\sigma_{\tau F(x)}}$，均位于[0, 1]之间。

对于任意的 x，同时满足条件：

$$0\leqslant\gamma_F{}^q(x)+\delta_F{}^q(x)+\tau_F{}^q(x)\leqslant 1$$

$$0\leqslant\sigma^q{}_{\gamma F(x)}+\sigma^q{}_{\delta F}{}^q{}_{(x)}+\sigma^q{}_{\tau F\ (x)}\leqslant 1$$

其中，$\tilde{\gamma}_F(x)$ 表示满意度，$\tilde{\gamma}_F(x)$ 表示弃权，$\tilde{\tau}_F(x)$ 表示不满意度。

对于复 t-球面模糊数(Ct-SFN)，当 $x\in X$ 时，犹豫模糊度可表示为：

$$\varsigma_F(x)=\sqrt[q]{1-\gamma_F{}^q(x)-\delta_F{}^q(x)-\tau_F q(x)}\mathrm{e}^{\mathrm{i}2\pi\sqrt[q]{1-\sigma^q\gamma_F(x)-\sigma^q\delta_F(x)-\sigma^q\tau_F(x)}}$$

为了方便起见，一组模糊数$(\gamma_F(x)e^{i2\pi\sigma\gamma_F(x)}, \delta_F(x)e^{i2\pi\sigma\delta_F(x)}, \tau_F(x)e^{i2\pi\sigma\tau_F(x)})$被称作复 t-球面模糊数，记作$\mathcal{F}=(\gamma, \delta, \tau)$。

（二）供应链信息共享水平评价

一是供应链信息共享水平评价具有重要意义。在全球化和数字化转型的背景下，供应链信息共享已成为现代企业协同运作的核心驱动力。信息共享通过打通上下游企业间的数据壁垒，能够显著提升供应链的透明度、响应速度和资源配置效率。然而，由于供应链成员在技术能力、利益诉求和组织文化上的差异，信息共享往往面临“数据孤岛”、隐私保护与信任缺失等现实挑战。因此，科学评价供应链信息共享水平，既是优化供应链协同效能的基础，也是破解信息共享障碍的关键切入点。

从理论层面来看，供应链信息共享水平评价需兼顾多维度指标体系的构建。传统研究多聚焦于信息传递的“技术属性”，如数据交换频率、系统兼容性及信息实时性等硬性指标。随着供应链协同理论的深化，评价维度逐渐向“管理属性”延伸，包括信息共享的深度（如战略决策数据是否互通）、广度（如覆盖供应商、制造商、物流商等多主体的范围）以及共享主体的信任度（如合同约束与利益分配机制的有效性）。此外，信息质量（如准确性、完整性）和共享动机（如主动共享与被动共享的差异）也被纳入评价框架。这一多维视角的融合，能够更全面地反映供应链信息共享的实际效能与潜在风险。

二是需推动评价方法的现实应用。当前，供应链信息共享水平的评价方法呈现出定量与定性相结合的趋势。定量层面，可通过数据建模分析信息共享对库存周转率、订单满足率等运营指标的影响，或利用熵值法、层次分析法（AHP）构建综合评价模型；定性层面，则依赖于对合作伙伴关系、企业文化兼容性及信息共享意愿的深度调研。例如，汽车制造行业通过共享生产计划与市场需求数据，可减少“牛鞭效应”，但需平衡主机厂与零部件供应商之间的数据主权矛盾；零售电商领域则借助消费者行为数据的共享优化需求预测，但面临隐私合规与数据滥用风险。

值得注意的是，信息共享水平的评价并非静态过程，而是需要适应动态变化的供应链环境。区块链、物联网等新兴技术的引入为信息可信度与追溯性提供了新工具，但也对评价标准提出了更高要求。未来研究需进一步探索技术赋能下的评价范式创新，如基于智能合约的共享行为自动化评估，或通过数字孪生技术模拟不同共享策略的长期效应。这些实践不仅为供应链管理提供科学依据，也为跨行业、跨区域供应链的可持续发展奠定基础。

二、康养供应链信息共享水平评价场景

（一）语言复 t-球面模糊多属性决策问题

假设 $A=\{A_1, A_2, \cdots, A_m\}$ 表示有 m 个备选方案；$B=\{B_1, B_2, \cdots, B_n\}$ 表示有 n 个属性，属性的权重表示为 $W=\{w_1, w_2, \cdots, w_n\}$，其中 $w_i\in[0, 1]$，且 $w_1+w_2+\cdots+w_n=1$。这些属性被划分为 c 个分区，分别表示为 $O_1, O_2, \cdots, O_c$，且 $\left|O_f\right|\in[1, n]$, $\sum_{f=1}^{c}\left|O_f\right|=n$。一批专家 $H=\{H_1, H_2, \cdots, H_l\}$，专家们的权重分别为 $\xi=\{\xi_1, \xi_2, \cdots, \xi_l\}$，其中 $\xi_i\in[0, 1]$，且 $\xi_1+\xi_2+\cdots+\xi_l=1$。用 $\boldsymbol{R}=\left[K_{ij}\right]_{m\times n}$ 表示语言复 t-球面模糊评价矩阵，$K_{ij}=(S_{\gamma_{ij}}\mathrm{e}^{\mathrm{i}2\pi S_{\sigma_{\tau_{ij}}}}, S_{\delta_{ij}}\mathrm{e}^{\mathrm{i}2\pi S_{\sigma_{\delta_{ij}}}}, S_{\tau_{ij}}\mathrm{e}^{\mathrm{i}2\pi S_{\sigma_{\tau_{ij}}}})$ 表示对于备选方案 A_i 的属性 B_j 的评价结果，$S_{\gamma ij}$ 表示对于备选方案 A_i 的属性 B_j 满意的程度，$S_{\delta_{ij}}$ 表示对于备选方案 A_i 的属性 B_j 不满意的程度。$S_{\tau\gamma_{ij}}$ 表示对于备选方案 A_i 的属性 B_j 弃权的程度。为了应对属性权重未知的情形，本书提出了语言复 t-球面信息熵测度方法来解决这个问题。同时，本书还提出语言复 t-球面模糊 WASPAS 方法用于解决多属性评价问题。

（二）决策方法步骤

步骤 1：归一化评估矩阵。在现实决策中，属性通常划分为两种类型：成本

属性和收益属性，对于聚合结果分别有着积极和消极的影响。为了消除不同属性类型的影响，需要将属性转变为相同类型，将语言复 t-球面模糊评估矩阵 $\boldsymbol{R}=\left[K_{ij}\right]_{m\times n}$ 转化为规范化语言复 t-球面模糊评估矩阵 $\boldsymbol{R'}=\left[K'_{ij}\right]_{m\times n}$ 的规则如下：

$$K'_{ij}=\begin{cases}(S_{\gamma_{ij}}\mathrm{e}^{\mathrm{i}2\pi S_{\sigma_{\tau_{ij}}}},\ S_{\delta_{ij}}\mathrm{e}^{\mathrm{i}2\pi S_{\sigma_{\delta_{ij}}}},\ S_{\tau_{ij}}\mathrm{e}^{\mathrm{i}2\pi S_{\sigma_{\tau_{ij}}}}),\text{如果}B_j\text{是收益属性}\\(S_{\gamma_{ij}}\mathrm{e}^{\mathrm{i}2\pi S_{\sigma_{\tau_{ij}}}},\ S_{\delta_{ij}}\mathrm{e}^{\mathrm{i}2\pi S_{\sigma_{\delta_{ij}}}},\ S_{\gamma_{ij}}\mathrm{e}^{\mathrm{i}2\pi S_{\sigma_{\gamma_{ij}}}}),\text{如果}B_j\text{是成本属性}\end{cases}$$

步骤 2：应用 ALCt-SFDWPPHM 算子将每一个专家的评估矩阵聚合成一个综合的评估矩阵。

$$\boldsymbol{K}=ALCT-SFDWPPHM^{a,b}(K_1,\ K_2,\ \cdots,\ K_n)$$

步骤 3：基于步骤 2 得到的综合矩阵应用语言复 t-球面模糊熵测量属性的未知权重。

$$E_i=\frac{1}{h(2^{1/q}-1)}\sum_{l=1}^{h}({S_{\gamma i}}^q+{\sigma_{S_{\gamma i}}}^q+{S_{\delta i}}^q+{\sigma_{S_{\delta i}}}^q+{S_{\tau i}}^q+{\sigma_{S_{\tau i}}}^q)$$

其中，$\dfrac{1}{h(2^{1/q}-1)}$ 是一个常数，$E_i\in[0,\ 1]$。

根据式上式计算属性权重 w_i 为：

$$w_i=\frac{1-E_i}{h-\sum_{l=1}^{h}E_i}$$

步骤 4：依据 ALCt-SFDWPPHM 算子和 ALCt-SFDWPPHG 算子计算各备选方案的 WSM 和 WPM，结果分别用 $\boldsymbol{W}_i^{(1)}$ 和 $\boldsymbol{W}_i^{(2)}$ 表示如下：

$$\boldsymbol{W}_i^{(1)}=ALCT-SFDWPPHM^{a,b}(K_1,\ K_2,\ \cdots,\ K_n)$$

$$\boldsymbol{W}_i^{(2)}=ALCT-SFDWPPHG^{a,b}(K_1,\ K_2,\ \cdots,\ K_n)$$

步骤 5：依据步骤 4 得到的 $\boldsymbol{W}_i^{(1)}$ 和 $\boldsymbol{W}_i^{(2)}$，可以获得结合 WASPAS 方法的评估结果为：

$$K=\lambda\boldsymbol{W}_i^{(1)}+(1-\lambda)\boldsymbol{W}_i^{(2)}$$

步骤 6：依据语言复 t-球面模糊的得分函数公式计算各备选方案的得分函数

数值，若得分值相同，则依据语言复 t-球面模糊的精确函数公式再次计算其精确函数数值。

步骤 7：依据得分函数及精确函数值对所有的备选方案进行排序，选择最佳的备选方案。

（三）算例验证

为了验证提出的多属性评估方法的有效性和适用性，现拟对 4 条康养供应链：$\{A_1, A_2, A_3, A_4\}$ 进行信息共享水平评价，评价结果作为供应链运行绩效评价的关键指标之一。评价主要从 4 个维度 $\{B_1, B_2, B_3, B_4\}$ 进行，其中共包含 16 个评价指标 $\{b_1, b_2, b_3, \cdots, b_{16}\}$。为了得到更为科学合理的评估结果，现邀请 3 位专家 $\{H_1, H_2, H_3\}$ 对 4 个数据库的 16 个指标分别作出评价，得到语言复 t-球面模糊评估矩阵 $\boldsymbol{R}=\left[K_{ij}\right]_{m\times n}$。提前设定 3 位专家的相对重要性程度为 $\xi=\{0.25, 0.4, 0.35\}$。

按照上文算例提供的数据，4 个数据库应急信息质量评估的排序结果为：

$$A_3 > A_1 > A_4 > A_2$$

本节小结

本节主要研究了语言复 t-球面模糊环境下的多属性决策问题。为了有效应对物流服务供应链上共享信息的不确定性，本节提出了一种新的模糊多属性评估方法。首先，定义了新的语言复 t-球面模糊集（LCt-SF），并且聚合了 Dombi 算子、PA 算子、分区 Heronian 平均算子和高级算子，提出了新的改进的语言复 t-球面模糊 Dombi 加权幂分 Heronian 平均（ALCt-SFDWPPHM）算子。该算子可以聚合不同类别属性间的相关性，消除奇异点的消极影响，同时避免聚合结果一致或无法区分的情况，能够满足康养供应链上高度密封、错综复杂的信息共享评价需求。基于信息共享评价问题对于信息本身的评价标准和要求，本节从供应链参与方认知与体验角度出发，构建了供应链共享信息质量评价指标体系，并通过算例验证了所提出算子在康养供应链信息共享评价中的适用性和有效性。

第五章 案例篇：创新模式与跨界融合

在了解了前文的新物流供应链管理技术和方法后，本章再次研究具体的国内外养老供应链创新案例。但是本章的案例与第二章的案例有着本质区别，第二章的国内外案例侧重于介绍现有的、传统的养老供应链如何运行，而本章案例则侧重于阐述和分析传统的康养供应链如何与新技术、新业态交叉融合发展。应该说，在第三章、第四章的理论铺垫后，本章的案例又升华到一个新的层次，从交叉实践角度提供了新的经验。

第一节 国内创新实践

一、城市案例——上海“长护险”服务供应链

在老龄化社会的康养供应链管理中，长期护理保险（以下简称“长护险”）作为社会保险的“第六险”，已成为连接政策、服务与资源的核心保障。上海作为全国首批长护险试点城市，通过近十年的探索实践，构建了覆盖需求评估、服务供给、质量监督的完整供应链体系。本节以上海为例，从护理

人员调度优化、物资协同网络构建、技术赋能与风险防控等角度，剖析其在长护险服务供应链中的创新实践。

（一）护理人员调度：从短缺到动态匹配的供应链优化

上海长护险服务面临的核心挑战是护理人员供给与失能老人需求的动态平衡。通过以下创新路径，上海实现了人力资源的高效配置：一是职业化培训与认证体系。针对持证护理员流失问题，上海建立了“阶梯式”职业发展通道。通过职业技能等级证书（初级至高级技师）与国家标准的衔接，结合培训补贴政策（初级补贴 1500 元，高级技师 3500 元），吸引更多从业人员参与培训。2023 年，全市颁发职业技能等级证书 0.89 万本，其中中级以上证书占比 39.3%，显著提升了护理队伍的专业化水平。同时，通过建立养老护理员信息库，实现持证人员实名制管理，减少“人证不符”现象。

二是区域联盟与技能共享。为解决中心城区护理资源紧张问题，黄浦、徐汇、静安和普陀四区成立“长护险护理员技能竞赛联盟”，通过技能大赛、跨区培训等方式推动人才流动。例如，2023 年四区联合举办技能竞赛，围绕特殊老人口腔护理、睡眠障碍照护等场景开展实操考核，选拔出 18 名“护理之星”，形成示范效应。同时联盟还建立护理员跨区调配机制，以缓解局部供需失衡。

三是技术驱动的动态调度系统。引入智能排班算法，结合老人失能等级、护理员技能标签（如医疗护理、心理疏导）和服务半径，实现任务精准匹配。例如，闵行区试点“智慧调度平台”，根据实时服务需求调整护理员行程，减少空驶率约 15%。同时，通过 GPS 定位和生物识别技术，严控虚假打卡行为（如关闭定位伪造服务记录），确保服务真实性。

（二）物资协同网络：从分散到集成的供应链整合

长护险服务不仅依赖人力，更需物资的高效流通与精准适配。上海通过以下方式优化物资供应链：一是辅具租赁与补贴机制。借鉴南通“辅具目录＋补贴支付”模式（如重度失能人员每年可享8000元辅具补贴），上海推出护理床、防褥疮床垫等14类42种辅具的租赁服务。例如，黄浦区“浴见幸福”项目为100位失能老人提供免费上门沐浴设备，结合辅具补贴政策，降低家庭经济负担。此外，通过医保基金与商业保险联动（如“南通护理保”模式），上海试点辅具费用“医保支付70%+商保补充20%”的分摊机制，提升物资可及性。

二是医疗耗材的“最后一公里”配送。针对居家护理的耗材需求（如尿不湿、消毒用品），上海构建“社区仓＋智能柜”两级仓储网络。社区仓储备常用耗材，智能柜支持24小时自助取货。例如，静安区试点“药械一体化配送”，护理员在服务时可扫码申领耗材，由无人机在2小时内配送至老人家中，减少护理中断风险。

三是应急物资的快速响应机制。针对突发健康事件（如跌倒、急性病发作），上海将急救物资（如止血包、便携制氧机）嵌入长护险服务包。通过“一键呼叫系统”触发应急响应后，物资配送与急救服务同步启动。数据显示，该机制使急救响应时间缩短至8分钟，较传统模式提升40%。

（三）技术赋能：从单向服务到全链路数字化

上海长护险供应链的数字化改造覆盖服务前、中、后全流程：一是需求评估的智能化升级。采用AI评估系统，整合老人健康数据（如电子病历、穿戴设备监测指标）和家庭环境信息，自动生成失能等级建议。黄浦区通过“政府开放日”活动公开评估流程，提升透明度和公信力。评估结果实时同步至供应链平台，触发相应的服务资源配置。

二是服务过程的区块链存证。利用区块链技术记录护理员服务轨迹、耗材使用情况和用户评价，形成不可篡改的服务链。例如，浦东新区试点“长护险服务链”，医保部门可实时核验服务真实性，减少虚假申报风险。

三是数据分析驱动的供应链优化。基于历史服务数据，预测区域需求波动并提前调配资源。例如，徐汇区通过分析冬季呼吸道疾病高发期的服务需求，提前储备雾化器和保暖物资，降低服务延迟率 12%。

（四）政策协同：从单点突破到系统化治理

上海长护险供应链的创新离不开跨部门政策协同：一是多部门联动机制。人社、医保、民政三部门联合制定护理员职业标准、培训补贴和薪酬指导价。例如，持中级证书的护理员时薪提升至 40 ～ 45 元，较初级证书翻倍，增强职业吸引力。

二是商保参与的风险共担。引入太保、泰康等商业保险公司参与经办服务，通过“长护险 + 商保补充”模式扩大覆盖范围。泰康养老在湘潭的试点经验（如分片区承办服务）被上海借鉴，提升服务效率。

三是常态化监督与反馈闭环。建立“服务评价 + 数据反哺”机制，用户可通过 App 对护理员评分，低分服务自动触发复查流程。2023 年，因评分低于 3 星而重新调配的服务案例达 1200 余次，服务质量提升 23%。

二、农村案例——县域医共体药品统配网络

（一）县、乡、村三级仓储与配送整合：构建高效供应链网络

在老龄化背景下，农村地区的药品供应问题尤为突出。县域医共体通过整合县、乡、村三级仓储与配送资源，形成覆盖全域的药品统配网络，成为康养供应链本土化实践的重要创新方向。

一是中心药房“蓄水池”功能强化。山东省滨州市通过县域医共体中心药房建设，构建了“县—镇—村”三级药品储备体系。中心药房作为核心节点，集中储备急救药、短缺药和慢性病常用药，储备种类增加 40%，并动态

监控库存。例如，惠民县通过统一调度机制，实现急救药品紧急调拨 100 余次，既避免浪费又保障供应。高台县则通过“统一药品储备”模式，将急抢救药品储备量提升至 3 个月常用量，基层急抢救药品种类从 9 种增至 16 种。

二是建立动态储备与智能补货机制。邹平市开发了“智能化前置审方 + 人工审方”系统，实时分析基层用药需求，并基于历史数据预测药品消耗量。成员单位每周提交采购计划，由牵头医院统一审核并生成补货订单，药品配送 3 天到货率提升至 84.9%，配送时效缩短 1 天。滨州市还建立了余缺药品调度机制，通过医共体内部调配临期药品，减少过期损耗。

三是实现配送路径优化与成本控制。通过整合县域物流资源，部分试点地区实现了“一揽子配送”。例如，滨州市遴选优质配送企业 13 家，淘汰履约能力不足的 14 家企业，并通过集中采购降低运输成本。药品配送企业直接对接村卫生室，减少中间环节，配送成本降低 7%。高台县则通过“统一药品采购”模式，将乡镇卫生院药品种类从平均 191 种增至 258 种，上下级用药重合率提升至 82.43%。

（二）统一药品管理体系：标准化与协同化实践

县域医共体通过统一用药目录、采购流程和药学服务，打破了传统分散管理模式，形成标准化供应链体系。

一是建立用药目录动态调整机制。邹平市采用“四步工作法”（征询、研讨、评价、确定），制定包含 952 个品种、1209 个品规的统一用药目录，并通过动态调整机制每年更新 22 次，确保目录与基层需求匹配。例如，“三病”（高血压、糖尿病、严重精神障碍）用药重合率达 100%，慢性病药品供应稳定性显著提升。滨州市则通过《山东省县域医共体中心药房用药目录遴选指标表》，科学筛选高性价比药品，基层药品配备种类增加 67 种。

二是提升集中采购与供应链透明度。高台县依托医共体数据中心，实现成员单位采购计划线上提交、牵头医院统一审核的闭环管理。2023 年累计审核采购计划 5000 余次，药品采购单价平均下降 12%。邹平市建立药品配送企业信用评价体系，对履约不达标的 14 家企业实施淘汰，并通过公开招标引入竞争机制，药品配送成本降低 9%。

三是开展药学服务下沉与质量管控。滨州市推行“第一药师”制度，选派 16 名药师下沉至村卫生室，开展处方审核、用药指导等服务，累计清理过期药品 1.4 万余盒。邹平市创新“家庭药师”模式，组织团队上门为慢性病患者提供用药指导，处方合格率从 87% 提升至 97%。高台县则通过医共体审方中心覆盖 543 家村卫生室，实时审核处方 250 万张，基层用药规范性提升 10% 以上。

（三）数字化平台赋能：从信息孤岛到互联互通

数字化技术是县域医共体药品统配网络的核心支撑，通过信息互联互通实现供应链全流程可视化管理。

一是推进医疗卫生信息“一张网”建设。高台县搭建县域医共体数据中心，整合县、镇、村三级医疗机构的药品库存、处方流转和患者需求数据，实现信息实时共享。通过“健康新高台”微信小程序，居民可在线查询药品库存、预约慢性病用药，服务覆盖率达 91%。东台市则通过县域医共体信息化平台，将药品配送状态实时同步至村卫生室，减少患者往返次数。

二是建设智能审方与风险预警系统。邹平市开发“智能化前置审方系统”，结合人工智能算法识别处方中的配伍禁忌和超量用药，累计拦截不合理处方 1.2 万例。滨州市惠民县通过审方中心覆盖所有村卫生室，实时监测药品不良反应，基层用药安全事件减少 14%。

三是应用大数据驱动的需求预测。部分试点地区利用机器学习技术分析历史用药数据，预测季节性药品需求。例如，高台县通过分析慢性病患者用药规律，提前储备降压药和降糖药，2023 年基层药品缺货率下降 23%。

（四）服务协同网络：从单向输送到双向互动

县域医共体通过建立双向转诊、慢性病共管等机制，将药品供应与医疗服务深度融合。

一是建立双向转诊与药品衔接机制。湛江吴川市医共体建立“联合病房＋联合门诊”模式，患者在乡镇分院与县级医院间转诊时，药品处方自动同步至目标机构。例如，一名患者在乡镇分院开具的降压药处方，转至县医院后可无缝续方，避免重复检查。高台县依托双向转诊系统，2023年下转患者593人，较2021年增加372人，基层药品使用率同步提升。

二是推进慢性病“防—筛—诊—治—管”一体化。滨州市组建44个“专科＋全科”家庭医生团队，将高血压、糖尿病等慢性病药品配送与健康管理结合。通过定期上门送药和健康监测，患者规范管理率提升至83.67%。邹平市开设药学门诊，为慢性病患者提供个性化用药方案，累计服务6200人次。

三是建立应急药品供应网络。在突发公共卫生事件中，县域医共体可快速启动应急响应。例如，滨州市中心药房储备36种短缺药品，新冠疫情防控期间通过统一调配向基层发放口罩、消毒液等物资，覆盖307个行政村。

（五）可持续发展路径：政策协同与社会参与

县域医共体药品统配网络的长期运行需依赖政策支持与社会力量协同。

一是善用政策杠杆与资金保障。国家卫健委通过“结余留用”医保政策激励医共体优化药品使用。例如，邹平市医保打包支付结余资金的30%用于药品供应链升级，带动基层药占比下降5%。滨州市将中心药房建设纳入“一把手”工程，2025年计划投入1.2亿元实现审方中心全覆盖。

二是人才流动与能力建设。高台县推行“县聘乡用”机制，选派9名县级药师常驻乡镇卫生院，并通过“五级药师”帮扶体系培训基层人员5500人次。邹平市建立“上学下帮”机制，选派药师参加国家级培训项目，基层药学服务能力提升26%。

三是社会资本与公益组织参与。部分地区引入第三方物流企业参与药品配送。例如，滨州市与顺丰合作试点无人机配送，覆盖 15 个偏远村庄，配送时效缩短至 2 小时。高台县联合慈善机构开展“过期药品回收”行动，累计回收 1.3 万盒药品。

三、企业案例——美团买药“30 分钟送药”与老年关怀服务

美团买药作为国内领先的医药电商平台，通过技术创新和服务优化，成功打造了“30 分钟送药”服务，并针对老年用户推出了一系列关怀服务。这些服务不仅满足了老年人的即时用药需求，还提升了他们的生活便利性和健康保障水平。

（一）美团买药“30 分钟送药”服务

美团买药的“30 分钟送药”服务是其核心竞争力之一，通过整合线上平台、线下药店和即时配送网络，实现了药品的快速配送。

一是更新服务模式。美团买药通过与全国范围内的连锁药房合作，构建了覆盖广泛的药品供应网络。用户通过美团 App 下单后，系统会根据用户位置匹配最近的药店，并由美团骑手完成配送。这一模式不仅提高了配送效率，还确保了药品的及时供应。

二是用新型技术进行支撑。美团买药利用大数据和人工智能技术优化订单分配和配送路径。通过实时数据分析，平台能够预测药品需求，提前调整库存布局，确保药品供应的稳定性和及时性。

三是创新应用场景。“30 分钟送药”服务尤其适用于急性用药场景和慢性病患者的日常用药需求。例如，在新冠疫情防控期间，美团买药的在线复诊和送药上门服务帮助了大量慢性病患者避免了外出购药的风险。

（二）老年关怀服务

美团买药针对老年用户推出了一系列关怀服务，以提升他们的购药体验和生活便利性。下面是具体的几个案例，我们可以了解美团适老化的具体操作模式。

案例一：赵爷爷的“语音买药”体验。赵爷爷今年75岁，是一位独居老人，子女都在外地工作。由于腿脚不便，出门买菜和买药对他来说是件难事。过去，他常常因为行动不便而选择忍受病痛，而不是去医院或药店。美团买药的语音交互功能改变了赵爷爷的生活。通过简单的语音指令，他可以直接进入买药页面，与在线药师咨询后下单购买药品。赵爷爷表示：“以前买药要出门，很不方便。现在只要动动嘴，药就能送到家，太方便了。”有一次，赵爷爷半夜感到身体不适，急需感冒药。他通过语音指令下单，美团买药的骑手在30分钟内就把药送到了他手中。赵爷爷说：“这个服务就像有个医生和药房在我身边，让我很安心。”

案例二：吴小姐的“孝心单”。在北京工作的吴小姐，父亲患有高血压，但因为工作原因，她无法经常回家照顾父亲。过去，她总是担心父亲的身体状况，尤其是父亲不愿意让她知道自己生病。美团买药的“孝心单”功能让吴小姐能够远程照顾父亲。她通过美团买药为父亲下单购买药品和保健品，并设置好父亲家的地址。美团买药会优先处理“孝心单”，并提供送货上门服务。吴小姐表示：“这个功能让我即使在外地也能照顾到父亲，心里踏实多了。”有一次，父亲的高血压突然加重，吴小姐通过美团买药的在线问诊功能，联系到一位三甲医院的医生。医生为父亲提供了专业的建议，并开具了处方。吴小姐下单后，药品很快就送到了父亲手中。

案例三：张女士父亲的“在线问诊”。张女士的父亲在一次晚上遛弯后出现胸闷和头晕的症状。由于晚上出门不方便，张女士在外地又无法立即回家，她非常着急。这时，她想起了美团买药的在线问诊服务。张女士通过视频电话教父亲如何使用美团买药的“问医生”功能。父亲通过在线问诊联系到一位三甲医院的医生，医生详细询问了他的症状，并给出了专业的建议。根据医生的建议，父亲下单购买了药品，美团买药的骑手很快就把药送到了家中。张女士说：“这个服务不仅方便了父亲，也让我这个远在他乡的女儿放心了很多。”

案例四：李奶奶的“慢病关爱计划”。李奶奶是一位患有糖尿病多年的老人，需要长期服用特定的药物。过去，她常常因为忘记买药或药店缺货而中断治疗。美团买药的“慢病关爱计划”解决了她的难题。美团买药通过大数据分析预测李奶奶的用药需求，并提前将药品配送到她家附近的药店。李奶奶只需要通过美团买药下单，药品就能在 30 分钟内送到她手中。此外，美团买药还为她提供了专业的用药指导和健康建议。李奶奶说：“现在不用担心买不到药了，这个服务让我很安心。”

案例五：阳光社区的“孝心首选”。阳光社区是一个老旧社区，居住着许多老年人。由于社区没有电梯，出门购物对老年人来说非常不便。美团买药的“孝心首选”功能为这些老人提供了帮助。子女们可以通过美团买药为父母下单购买生活用品和药品，美团买药会优先处理这些订单，并提供送货上门服务。社区的赵奶奶说：“我的子女经常通过这个功能给我买菜和药，我再也不用爬楼梯去买东西了。”美团买药还为阳光社区的老年人提供了语音交互功能，方便他们自主下单。赵奶奶表示：“这个功能很贴心，让我们这些老年人也能享受到互联网的便利。”

（三）服务创新与社会价值

美团买药的“30 分钟送药”与老年关怀服务不仅在技术上实现了创新，还在社会价值上发挥了重要作用。

一是创新了适老化技术。美团买药通过整合线上平台、线下药店和即时配送网络，实现了药品的快速配送和精准服务。其大数据和人工智能技术的应用，进一步优化了供应链管理和配送效率。

二是创造了社会价值。美团买药的服务创新为老年人提供了更加便捷的购药体验，减少了他们的出行负担。同时，通过在线问诊和慢病关爱计划，美团买药帮助老年人更好地管理健康，提升了他们的生活质量。

三是提升了行业影响力。美团买药的实践为医药电商行业树立了新的标杆，推动了行业向智能化、适老化方向发展。其成功经验也为其他企业提供了借鉴，促进了整个行业的服务升级。

本节小结

本节通过三大方面的案例，展示了康养供应链在国内不同领域的创新实践，体现了供应链创新在提升服务效率、优化资源配置和满足社会需求中的重要作用。

在城市创新实践方面，上海长护险服务供应链通过制度创新、护理人员调度优化和物资协同整合，形成了覆盖广泛、高效运作的服务体系，为失能老人提供了稳定、高效的服务支持，显著提升了服务效率和质量，成为全国养老服务领域的创新典范。

在农村创新实践方面，县域医共体通过资源整合、三级仓储与配送整合以及数字化平台与远程医疗的结合，解决了农村地区药品供应难题，提高了医疗服务的协同性和药品配送的及时性。这一实践不仅提升了农村医疗服务水平，还为农村地区医疗资源的优化配置提供了有益经验。

在企业创新实践方面，美团买药通过“30 分钟送药”服务和老年关怀服务，利用技术创新和服务优化，满足了老年人的即时用药需求，提升了他们的生活便利性和健康保障水平。这一实践不仅在技术上实现了突破，还在社会价值上发挥了重要作用，为医药电商行业树立了新的标杆，推动了行业的智能化和适老化发展。

总体而言，本节通过城市、农村和企业的创新实践案例，展示了创新在不同领域的应用和成效，强调了创新在提升服务效率、优化资源配置、满足社会需求和推动行业发展中的重要作用。这些实践为其他地区和企业提供了宝贵的经验和借鉴，也为未来康养服务的智能化发展提供了有益的启示。

第二节 国际经验启示

一、Benesse 集团的养老体系融合发展经验

日本的 Benesse 公司是一家很有研究价值的企业，今日的集团公司肇始于一家地方出版社，直至发展成为覆盖教育、养老、母婴的综合性服务巨头，核心逻辑是通过终身学习和全龄关怀理念，满足用户从幼儿到老年的多元化需求。其中，Benesse 集团的核心业务之一就是养老服务。

（一）Benesse 公司的发展历程

这家企业成立于 1955 年，前身为福武书店。在创办了 40 年后的 1995 年，公司更名为 Benesse Corporation，于 2009 年改组为控股公司。公司的总部也并没有位于熙来攘往的大都市，而是位于日本冈山县冈山市。企业的经营理念是“通过教育、语言和生活方式服务，为人们实现自我价值提供支持”。可见的统计数据截至 2023 年，集团年营收约 4500 亿日元（约合人民币 220 亿元），员工约 3 万人，业务覆盖日本、中国等多国。对于一家提供服务而非实体产品的企业来说，这样的产值和人员规模已经很难能可贵了。

根据《财富》杂志和《经济学人》的研究，全球企业中仅有约 0.5% ～ 2% 能够存活超过 50 年。虽然这一比例会因所在国家、所在行业、经济环境的差

异以及统计学本身的系统误差，而在世界各地有较大差距，但至少从一个研究角度说明了企业长期存活的不易。而 Benesse 公司迄今已经发展了 70 年时间且未见颓势，可见其经营管理还是可圈可点的。当然，作为其核心业务之一的康养业务，也因供应链及物流的精益化管理而蓬勃发展。

（二）Benesse Style Care 的特色养老服务

Benesse 集团的旗下子公司 Benesse Style Care 深度参与养老服务，其业务模式和服务理念在日本养老产业中具有较强的影响力。Benesse Style Care 成立于 2006 年，是 Benesse 集团旗下专注于养老服务的核心企业。其业务覆盖养老院运营、居家护理、康复服务、护理人员培训等全产业链，目标是提供“让老年人享受尊严和自主生活”的高质量服务。截至 2023 年，Benesse Style Care 在全日本运营超过 400 家养老设施（包括收费养老院、日间照料中心等），服务范围从北海道到九州，并持续扩大覆盖区域。

一是 Benesse Style Care 的主要服务类型：（1）机构养老服务，包括收费养老院和居家护理服务。收费养老院提供长期居住型服务，根据老年人身体状况分为自理型、协助型和认知症（失智症）专业照护型设施，其特色为注重居住环境设计（如无障碍设施、个性化房间），并搭配丰富的文娱活动（手工、音乐疗法等）。短期托养服务为家庭照护者提供“喘息服务”，老年人可短期入住（几天至几周），减轻家庭负担。（2）居家护理服务，包括上门护理和日间照料。上门护理包括协助日常起居（洗澡、进食、服药等）、家务支援（清洁、购物）以及健康监测。日间照料是白天将老年人接到设施内，提供餐饮、康复训练、社交活动，晚上送回家中。（3）康复与医疗支持，即与医疗机构合作，提供术后康复、慢性病管理等服务，部分设施配备专业理疗师和康复设备。（4）认知症专项照护，设立认知症专属单元，采用非药物疗法（如回忆疗法、感官刺激）延缓病情发展，并培训专业护理团队。

二是 Benesse Style Care 的服务特色与创新：（1）精细化生活设计，包括个性化服务计划和社区融合。个性化服务计划是根据每位老年人的健康状况、兴趣爱好制定照护方案，如为喜欢园艺的老人设计绿植养护活动。社区融合是鼓励老年人与当地社区互动，例如组织儿童参观养老院、开办手工艺品市集。（2）数字化技术应用，包括智能设备监测和远程家庭互动。智能设备监测是指在部分设施中引入传感器和穿戴设备，实时监测老年人健康数据（如心率、步态），预防跌倒等意外。远程家庭互动是指通过平板电脑或专用终端，方便老年人与家人视频通话，缓解孤独感。（3）人才培养体系，包括内部培训学校和职业发展支持。内部培训学校是指 Benesse 设有护理人员培训中心，提供从基础护理技能到认知症照护的进阶课程，确保服务质量。职业发展支持是指通过资格认证和晋升制度，吸引年轻人才加入养老行业。

相比于日本其他大型养老企业（如 Message Co.，Ltd. 或日医学馆），Benesse 的核心优势在于能够整合集团资源和善用品牌信任度。比如，依托 Benesse 在教育、健康领域的积累，将“终身学习”理念融入养老服务（如开设老年人兴趣课程），实现资源互补互促。通过长期运营“巧虎”等教育品牌，建立了家庭客群的信任感，易于拓展至养老市场，充分利用了其他业务板块的品牌信任度。因此，虽然 Benesse 集团也会因日本老龄化加剧导致护理人才短缺、人工成本上升，部分地区养老设施趋于饱和、竞争激烈等挑战，但仍因设施环境优质、服务细致，在“介护服务信息公表系统”等日本第三方评价平台中评分较高，尤其在认知症照护领域备受认可。

（三）精益化物流供应链对养老业务的支撑

Benesse Style Care 的物流体系并非作为独立事业板块开展专业的物流业务以获取利润，但却是 Benesse Style Care 在养老业务中取得核心竞争力的来源。Benesse Style Care 通过内部资源整合与改善合作伙伴关系，在养老服务中实现了高效的物资供应和配送管理。这一成效，与我国京东物流对京东集团的支撑作用极其相似。

Benesse Style Care 的物流需求场景。Benesse Style Care 的养老服务涵盖机构养老（养老院）、居家护理和日间照料，物流需求主要集中在日常物资配送、个性化物资管理、紧急物资调配等内容。日常物资配送包括食品、护理用品（纸尿裤、清洁剂等）、医疗耗材（药品、消毒器械），个性化物资管理包括针对认知症或特殊疾病老人的定制化用品（如特殊餐具、防走失设备），紧急物资调配包括突发情况下的药品、医疗器械快速补给等。

物流供应链的革新举措。一是集团资源整合与集中采购，包括推动供应链集约化和建立区域仓储中心。供应链集约化的举措是指，Benesse 集团通过统一采购平台与供应商签订长期协议，降低护理用品、食品等物资的采购成本，并通过规模效应确保稳定供应。运用科学方法设立区域仓储中心，在日本主要城市设立区域仓库，根据各养老设施的分布情况预存常用物资，依托运筹学和模糊决策等数学工具缩短配送半径。

二是开展高水平的第三方物流合作，包括采用专业外包和开展医疗物流专项服务。选择专业外包，将非核心物流环节（如长途运输、冷链配送）外包给经验丰富的专业公司，如与雅玛多运输（黑猫宅急便）或 SG Holdings（佐川急便）等公司开展合作，利用其覆盖全国的配送网络实现高效送达。采用医疗物流专项服务，将药品和医疗器械的配送可能委托给具有医疗资质的物流企业，确保符合日本严格的医药品流通管理规定（GSP）。

三是数字化管理系统，包含落实库存管理智能化和应用 IoT 设备。库存管理智能化是指，Benesse Style Care 通过 ERP（企业资源计划）系统实时监控各设施的库存水平，结合历史消耗数据自动生成补货订单，减少人工干预和缺货风险。IoT 设备应用是指，Benesse Style Care 在部分高需求设施中，使用物联网传感器监测物资使用情况（如纸尿裤存量），触发自动补货流程。

四是定制化配送方案，包括居家护理的“最后一公里”和紧急响应机制。居家护理的“最后一公里”，Benesse Style Care 针对居家护理服务，配送人员与护理员协同工作，将物资直接送至老人家中，并与护理服务时间表同步，减少重复上门次数。紧急响应机制是指，Benesse Style Care 设立区域性应急物资储备点，针对台风、地震等自然灾害或突发公共卫生事件，可快速调配物资至受影响设施。

相比于日医学馆等其他日本养老企业，Benesse 的养老物流效率主要体现在集团协同效应，即借助 Benesse 集团在教育、健康等领域的供应商网络，降低跨领域采购成本。

（四）Benesse 养老案例的启示

Benesse Style Care 的物流体系主要通过集约化采购、第三方合作和数字化管理实现高效率，核心目标是保障养老服务的稳定供给，而非独立发展物流业务。其模式反映了日本养老行业“专业分工、资源整合”的典型特点，Benesse Style Care 的案例也在一定程度上揭示了日本养老供应链体系的自身特点。对于正在进入老龄化社会的我国而言，日本养老供应链建设与变革的经验值得研究。

二、德国 Siemens Healthineers——医疗设备的全球化弹性供应链

在老龄化背景下，医疗设备供应链的弹性与可持续性成为康养体系的关键支撑。德国西门子医疗（Siemens Healthineers）作为全球医疗科技领域的领军企业，其全球化弹性供应链的建设经验为康养供应链管理提供了重要启示。本节从数字化技术赋能、全球化布局与本土化策略、可持续发展路径、供应链弹性设计及合作创新生态五个角度展开分析。

（一）数字化技术赋能：智能预测与敏捷响应

西门子医疗通过数字化技术实现供应链全流程的智能化管理，有效应对老龄化社会对医疗设备需求的复杂性和波动性。

一是实施智能需求预测与动态补货。西门子医疗利用人工智能和大数据分析技术，对全球医疗设备需求进行精准预测。例如，其影像设备（如 MRI、CT）的订单管理系统通过机器学习算法分析历史销售数据、区域老龄化率和疾病谱变化，动态调整生产计划和库存策略。2024 财年第一季度数据显示，其设备订单出货比高达 1 ：14，表明需求与供应的高度匹配。

二是远程维护与设备全生命周期管理。通过物联网（IoT）技术，西门子医疗实现对设备的实时监控和远程维护。例如，其“数字孪生”技术可模拟设备运行状态，提前预警故障并远程修复，减少设备停机时间。这一模式在新冠疫情防控期间显著提升了医疗设备的可用性，尤其是在老龄化严重地区的基层医疗机构。

三是数字化平台整合医疗数据。西门子医疗与 Qure.ai 等公司合作开发的 AI 辅助诊断系统，不仅优化了设备使用效率，还通过数据互联实现供应链与临床需求的深度耦合。例如，其胸部 X 射线 AI 技术用于结核病筛查，可实时反馈区域疾病分布数据，指导供应链提前调配相关检测设备。

（二）全球化布局与本土化策略：兼顾效率与韧性

西门子医疗通过“全球生产 + 本地深耕”的双轨模式，构建兼具效率与韧性的供应链网络。

一是分散布局全球生产基地。西门子医疗在全球设有 70 多个生产基地，覆盖医学影像、实验室诊断等领域。例如，西门子医疗在德国扩建的瓦里安放疗设备生产线，可快速响应欧洲市场的需求；而上海、无锡的 CT 设备生产基地则重点服务亚太市场，2023 年中国市场贡献了其全球增量的最大份额。

二是开展本土化研发与产品适配。针对不同地区的老龄化特征，西门子医疗推行“国智创新”战略。例如，在中国推出的 5G 磁共振设备 MAGNETOM Mica，专为基层医疗机构设计，体积更小、操作更便捷，适配县级医院对慢性病影像诊断的需求。此外，其国产化超声设备 ACUSON

Juniper S 银杜松，通过本土化生产降低成本，进而提升了基层医疗可及性。

三是建立区域化供应链协作网络。西门子医疗与区域性医疗集团（如美国 SSM Health）签订长期合作协议，提供定制化供应链服务。例如，通过区域中心仓库实现快速配送，确保急救设备（如呼吸机、CT）在突发公共卫生事件中的及时供应。

（三）可持续发展路径：低碳循环与资源保护

老龄化社会的康养供应链需兼顾环境可持续性，西门子医疗通过绿色技术创新与循环经济模式，降低供应链碳足迹。

一是使用可再生能源与落实低碳生产。西门子医疗将工厂的可再生能源使用比例从 2023 年的 77% 提升至 2024 年的 89%，并通过翻新旧设备（如 Magnetom Sola eco 磁共振系统）减少材料消耗，单台设备碳排放降低 40 吨。

二是开展可循环产品设计。公司推行“可升级、可再利用”的产品设计理念。例如，其影像设备的模块化设计允许部件单独更换，延长设备使用寿命；翻新后的设备以较低价格供应中低收入国家，扩大医疗可及性。

三是开展供应链碳足迹管理。西门子医疗通过优化物流路径、减少商务差旅等方式降低碳排放。2024 年，其供应链碳排放较基准年降低 2%，同时与供应商合作推广绿色包装和低碳运输。

（四）供应链弹性设计：应对老龄化的不确定性

针对老龄化社会突发医疗需求（如慢性病激增、公共卫生事件），西门子医疗通过弹性供应链设计提升抗风险能力。

一是实施多源供应与库存动态调配。西门子医疗建立多元化的供应商网络，关键部件（如 CT 探测器）采用“双供应商”策略。新冠疫情防控期间，西门子医疗通过全球库存动态调配系统，向中国优先供应 CT 设备，缓解了医疗资源挤兑。

二是实施应急响应与快速生产转换。公司采用柔性生产线，可在短时间内切换产品类型。例如，2023 年，其上海基地迅速转产呼吸机配件，支持全球抗疫需求。

三是建立区域化应急储备中心。西门子医疗在德国、美国、中国设立区域性应急仓库，储备短缺药品和急救设备。例如，其中心药房模式可快速响应区域性老龄化社区的慢性病用药需求。

（五）合作创新生态：跨界融合与知识共享

西门子医疗通过开放合作构建创新生态，推动康养供应链的技术迭代与模式升级。

一是开展产学研协同创新。公司与高校、科研机构合作开发前沿技术。例如，与德国弗劳恩霍夫研究所合作研发光子计数 CT，显著提升影像诊断精度，适配老年患者的复杂病变检测需求。

二是开展战略并购与技术整合。通过收购瓦里安医疗（Varian Medical Systems），西门子医疗整合放疗设备与影像技术，形成癌症诊疗一体化解决方案，满足老年肿瘤患者的精准治疗需求。

三是建立数字化生态伙伴关系。西门子医疗与 Oracle 合作构建云端销售管理系统，提升供应链响应速度。其移动端应用使销售代表可实时更新订单信息，缩短设备交付周期。

三、美国 Silver Sneakers——健康服务与物流整合的会员模式

在老龄化加速的背景下，如何通过供应链整合实现健康服务的普惠性与高效性成为全球康养领域的核心议题。美国 Silver Sneakers 作为全球最大的老年人社区健身计划，通过“健康服务 + 物流网络 + 会员制”的创新模式，构建了覆盖全美的康养服务供应链体系，为老龄化社会的健康管理提供了重要

参考。本节从健康服务与物流网络整合、会员制与支付方协同、数字化技术赋能、跨界合作生态及可持续性挑战五个角度展开分析，探索其对中国康养供应链的启示意义。

（一）健康服务与物流网络整合：构建全域覆盖的康养服务体系

Silver Sneakers 通过整合线下健身场所、社区中心与线上虚拟平台，形成“实体 + 数字”的全域服务网络，解决了老年人健康服务的可达性与多样性问题。

一是建立多层级线下服务网络。Silver Sneakers 与全美 22000 个健身场所合作，覆盖健身房、社区中心、公园等多元化场景，会员可自由选择就近场所参与课程，无须额外支付费用。例如，其 FLEX 计划在教堂、老年社区等非传统健身场所提供小规模定制课程，降低参与门槛。

二是创造虚拟平台的物流延伸。通过 Silver Sneakers On-Demand 在线平台和移动应用 Silver Sneakers Go，会员可随时随地参与健身课程。平台提供超过 12 种课程类型，涵盖力量训练、水中运动、太极等，并能根据用户反馈动态调整难度，实现个性化服务交付。

三是实现物流资源的动态调配。Silver Sneakers 通过集中采购与合作伙伴协议，统一管理健身器材和课程资源。例如，其水中健身课程所需的浅水池设施由合作社区中心提供，以减少自建成本；同时，通过会员卡全国通用机制，支持跨区域服务使用，增强了物流网络的灵活性。

（二）会员制与支付方协同：健康服务的普惠化路径

Silver Sneakers 通过医保支付方合作与会员制设计，实现了健康服务的普惠化与可持续运营。

一是实现医疗保险深度绑定。Silver Sneakers 会员资格通过 Medicare Advantage（联邦医保优势计划）或 Medigap（医疗补充计划）免费提供，覆盖全美近 1800 万老年人。保险公司通过采购该服务降低参保人群的医疗支出（如减少慢性病并发症），形成“健康管理—控费—收益共享”的闭环。

二是注重分层会员权益设计。尽管基础会员资格免费，Silver Sneakers 通过附加服务（如 Apple Fitness+ 订阅）提升用户黏性。例如，部分 Medicare Advantage 计划会员可免费获得 Apple Fitness+ 的高端课程，服务的差异化增强其竞争力。

三是推动数据驱动的支付优化。通过分析会员健康数据（如运动频率、慢性病改善率），Silver Sneakers 向保险公司提供效果评估报告，推动按效果付费模式的探索。例如，其 2023 年会员调查显示，76% 的抑郁症患者症状改善，显著降低了相关医疗成本。

（三）数字化技术赋能：供应链效率与用户体验提升

数字化技术是 Silver Sneakers 实现服务精准触达与供应链优化的核心支撑。

一是开展智能需求预测与库存管理。通过机器学习分析区域老龄化率、疾病谱及会员行为数据，动态调整课程资源分配。例如，针对糖尿病高发区域增加有氧课程供给，并在线上平台优先推荐相关教学内容。

二是应用全生命周期健康管理工具。移动应用 Silver Sneakers Go 支持运动记录、课程预约及健康数据追踪。用户可实时查看锻炼进度，并通过 AI 算法获得个性化建议（如调整动作难度），降低运动风险。

三是运用远程协作与质量控制。通过视频连线与传感器技术，教练可远程指导居家会员完成动作，确保运动安全性。同时，平台通过用户反馈（如课程评分）进一步优化服务设计，2023 年会员满意度达 97%。

（四）跨界合作生态：社会资源整合与价值共创

Silver Sneakers 通过跨界合作拓展服务边界，形成“健康 + 教育 + 社交”的复合型供应链生态。

一是与老年教育平台联动。2022 年与老年教育平台 GetSetUp 合作，旗下会员可免费参与其直播课程（如数字技能、艺术创作），这一合作成功将健康服务延伸至认知训练领域助力，延缓了阿尔茨海默病的发展进程。

二是与医疗机构协同服务。与凯撒医疗（Kaiser Permanente）等机构合作，为慢性病患者提供“运动处方 + 理疗方案”整合服务。例如，心脏病患者可同步参与低强度有氧课程与专业理疗，提升其康复效果。

三是构建社区社交网络。通过线下课程促进会员社交互动，减少孤独感。调查显示，参与集体课程的会员抑郁发生率（4%）显著低于全国平均水平（10%）。

（五）可持续性挑战：成本控制与支付环境变化

目前来看，尽管模式成功，但 Silver Sneakers 仍面临重资产运营与支付方紧缩的双重压力。

一是面临线下设施的高成本负担。与 16000 家健身场所的合作依赖长期协议，场地租赁与人员培训成本占总营收的 35%。母公司 Tivity Health 近年通过重组剥离非核心业务（如 Navvis 咨询），聚焦降本增效。

二是面临支付方依赖风险。约 90% 收入来自保险公司采购，若主要客户（如联合健康）削减预算，将直接影响营收稳定性。2023 年，因 Humana 保险合作调整，收入波动达 5%。

三是肩负效果付费转型压力。随着医保支付方转向价值医疗，按效果付费比例需从当前的 7% 提升至更高水平。这对服务标准化与数据透明度提出更高要求。

本节小结

本节通过分析日本、德国和美国在康养服务和供应链管理领域的创新实践，探讨了国际经验对中国的启示。这些案例展示了不同国家在应对老龄化挑战时的创新思路和成功经验，为中国的康养服务和供应链发展提供了有益的借鉴。

首先，日本 7-11 的社区康养转型实践，通过将零售网络与康养服务相结合，利用其广泛的网点布局和高效的物流体系，为老年人提供即时的康养用品租赁、药品配送和健康管理服务。这种模式不仅提升了社区服务的整体效率，还通过介护用品的循环供应链和逆向物流模式，解决了养老资源浪费问题。中国可以借鉴其经验，鼓励零售企业参与社区康养服务，通过改造网点布局增加康养功能模块，建立介护用品的循环供应链，提升资源利用效率。

其次，德国 Siemens Healthineers 的全球化弹性供应链实践，通过全球化采购与生产、弹性供应链体系和绿色供应链理念，实现了医疗设备的高效供应和可持续发展。中国医疗设备企业可以借鉴其全球化布局和先进技术手段，优化供应链管理，引入物联网技术和大数据分析，构建弹性供应链体系，推动绿色供应链建设，提升设备的可用性和维护效率。

最后，美国 Silver Sneakers 的健康服务与物流整合会员模式，通过整合健康服务与物流、个性化健康管理以及社区参与和社交互动，为老年人提供了全流程覆盖的健康管理服务。中国可以借鉴其经验，鼓励健康服务企业整合服务资源，构建一站式的健康管理平台，引入大数据和人工智能技术，提供个性化健康管理方案，并加强社区参与和社交互动，提升老年人的健康水平和生活质量。

总体而言，本节通过分析国际先进经验，展示了在社区康养服务、医疗设备供应链管理和健康服务整合领域的创新实践。这些经验为中国的康养服务和供应链发展提供了有益的借鉴，强调了通过资源整合、技术创新和模式创新来提升服务效率、优化资源配置和满足社会需求的重要性。未来，中国可以结合本国国情，借鉴国际经验，推动康养服务和供应链管理的高质量发展。

第六章 挑战与未来篇：可持续发展路径

第一节 康养供应链的痛点与对策

一、资源错配与协同难题

在老龄化背景下，康养供应链的资源配置与协同管理面临多重挑战。医疗、养老、保险等领域的数据壁垒和跨区域资源调剂的低效性，已成为制约康养服务供给与需求精准匹配的核心问题。本部分从以下两大角度展开分析。

（一）医疗、养老、保险领域的数据壁垒亟须破除

一是数据标准化与共享机制的缺失。医疗、养老、保险领域的数据存在显著的行业壁垒，主要体现在数据格式不统一、隐私保护标准差异大、共享平台缺失等方面。例如，医疗机构的电子病历系统与养老机构的健康档案系统往往采用不同的数据标准，导致信息难以互通。国家数据局已提出“数据要素 × 医疗健康”行动，探索医疗数据的分类分级管理，并推动建立匿名化

判定标准，以促进合规流通。然而，养老和保险领域的数据共享仍缺乏统一规范，亟须跨部门协作制定数据接口标准，如引入区块链技术实现数据加密与权限分级管理，确保隐私安全的同时提升共享效率。

二是跨领域数据融合面临实践困境。康养服务需要整合医疗诊断、养老护理、保险支付等多维度数据，但实践中常因部门利益分歧，推进困难。例如，保险公司需要精准的医疗数据以设计健康险产品，但医疗机构因担忧数据滥用或法律风险而拒绝开放。对此，可借鉴沃尔玛的供应链信息共享模式，通过建立“康养数据中台”实现跨领域数据的统一归集与权限管理，支持数据按需调用。同时，需通过政策引导（如“数据要素 × 三年行动计划”）明确数据使用权与收益分配机制，激励各方参与数据共享。

三是数据安全与隐私保护间存在矛盾。数据流通的合法合规性是破除壁垒的前提。国家数据局提出研究个人信息匿名化判定标准，但实际操作中仍需平衡数据效用与隐私保护。例如，医疗数据的匿名化处理可能导致关键健康信息丢失，影响康养服务的精准性。可引入联邦学习技术，在不共享原始数据的前提下实现多方联合建模，既保护隐私又支持数据分析。此外，需完善数据泄露追责机制，提升企业对数据安全的信任度。

四是数据驱动的服务模式有待创新。破除数据壁垒的最终目标是赋能康养服务创新。例如，通过融合医疗与养老数据，可构建动态健康风险评估模型，为老年人提供个性化健康管理方案；保险机构则可通过分析养老机构的服务数据，开发覆盖长期护理的保险产品。海南省在康养产业中推动医疗与旅游数据融合，开发中医药康养旅游路线，正是跨领域数据应用的典型案例。

（二）跨区域资源调剂机制设计

一是区域资源分布不均衡。我国康养资源呈现“东多西少、城多乡少”的分布特征。一线城市的优质医疗资源丰富，而农村及欠发达地区养老设施严重不足。需通过政策引导建立“资源调剂池”，如将海南存量房屋改造为康养设施的做法，既可盘活闲置资源，又能缓解区域供给压力。

二是构建动态资源监测与调配平台。跨区域资源调剂需依赖实时数据支持。可借鉴供应链管理中的“智能物流系统”，搭建全国性康养资源动态监测平台，整合医疗床位、养老机构容量、护理人员分布等数据，通过算法预测需求缺口并生成调剂方案。例如，某电商企业通过物流中心优化配送效率，缩短了30%的配送时间，类似的模式可应用于康养资源调度。

三是设计利益协调与补偿机制。资源调剂涉及多方利益博弈，需建立“横向补偿＋纵向补贴”机制，即横向通过区域间协议实现资源互补（如发达地区向欠发达地区购买康养服务配额），纵向通过中央财政补贴支持资源输入地的设施建设。同时，引入供应链金融工具（如应收账款融资），缓解资源输出方的资金压力。

四是推进政策协同与制度保障。跨区域资源调剂需突破行政壁垒，可参考《海南省推动康养产业发展三年行动方案》，通过省级协调机制推动政策协同，如放宽用地限制、简化审批流程等。此外，需完善医保跨区域结算、养老补贴异地申领等配套政策，降低资源流动的制度成本。

五是建设应急响应与韧性供应链。老龄化社会对突发公共卫生事件的应对能力提出更高要求。需构建康养供应链的应急储备体系，如在多地设立医疗物资储备中心，并建立快速调配通道。某家电企业通过多元化采购策略降低了供应链中断风险，该经验可延伸至康养领域。

二、标准化与合规性挑战

在老龄化背景下，康养供应链的标准化与合规性建设是保障服务质量和可持续发展的核心问题。随着康养需求的多样化与复杂化，老龄友好型物流服务标准的缺失、医疗监管的滞后性与伦理风险的凸显，已成为制约行业发展的关键瓶颈。本部分从以下两大核心角度展开分析，并结合新兴技术与政策实践提出对策建议。

（一）建立老龄友好型物流服务标准

一是设计标准化的适老化设施与流程。老龄友好型物流服务需从基础设施和服务流程两方面实现标准化。在设施层面，需制定针对老年人身体机能特点的物流设备标准，如搬运工具需符合人体工学设计以减少对护理人员及老年人的身体负担；仓储环境需满足无障碍通行要求，并配备紧急呼叫系统等安全设施。在流程层面，可参考《老龄与康养服务品牌评价规范》中提出的服务评价体系，明确从订单接收到配送完成的全流程操作规范，如药品配送需设置温度监控节点，并针对失能老人提供“上门验收＋家属确认”的双重签收机制。

二是构建智能技术应用的标准化框架。数字化技术的应用需与老龄友好标准深度融合。例如，智能穿戴设备的数据采集需统一接口标准，确保医疗、养老、物流系统间的数据互通；无人配送车需通过适老化场景测试，包括语音交互的方言适配性和紧急避障灵敏度等内容。此外，可借鉴海南省“智慧康养物流平台”的实践经验，构建覆盖运输路径优化、需求预测、风险预警的标准化技术架构，并支持跨区域资源调度。

三是完善服务人员培训与认证体系。标准化服务依赖专业人才支撑。当前养老护理员多数缺乏系统化培训，且缺口达 150 万。建议建立分层级培训体系，即基础层级聚焦适老化搬运技能与应急处理，高级层级涵盖慢性病管理、心理疏导等复合能力。同时，推行“康养物流师”职业资格认证，将技能标准纳入国家职业资格目录，提升从业者专业性与社会认可度。

四是平衡区域差异与普惠性标准。我国康养资源分布不均，标准化需兼顾区域特性。例如，农村地区可推广“流动康养服务站”模式，制定轻型物流车辆配置标准；城市则需强化社区末端配送网络的密度标准。政策上可按照《中共中央 国务院关于深化养老服务改革发展的意见》，通过财政补贴引导欠发达地区标准化设施建设，避免“一刀切”导致资源浪费。

（二）应对医疗监管与伦理风险

一是重构医疗物流的合规性监管体系。医疗康养产品的物流涉及药品、器械等高监管领域，需建立全链条追溯机制。例如，借鉴欧盟 GDP（药品优良流通规范），要求冷链物流企业配备实时温湿度监测设备，并与药监部门数据平台直接连接；同时，通过区块链技术实现疫苗流向的不可篡改记录，确保监管透明。此外，针对新兴的基因检测样本运输，需制定生物安全分级标准，明确不同风险等级样本的包装与运输要求。

二是建立数据隐私与伦理审查机制。康养物流中涉及大量健康数据，需平衡数据利用与隐私保护。建议参考《数据安全法》和《个人信息保护法》，建立“分级授权 + 匿名化处理”的双重机制，即普通健康数据可匿名共享用于需求预测，而敏感信息（如遗传病史）需经患者本人或监护人授权。同时，伦理审查委员会应介入高风险场景，如 AI 健康监测设备的误判责任归属、临终关怀药品配送的伦理边界等。

三是协同跨境康养服务政策。随着跨境养老和医疗旅游的兴起，物流服务面临国际标准差异的挑战。例如，日本养老辅具的进口需符合中国强制性认证（CCC），而国产中药出口欧盟需满足 GMP 认证。建议通过“一带一路”康养合作框架，推动中外监管互认，建立跨境物流“白名单”制度，简化通关流程。

四是制定应急物流的合规性预案。老龄化社会对突发公共卫生事件的响应要求更高。需制定康养供应链应急管理规范。明确应急物资储备种类（如呼吸机、防护服）、调度优先级（优先保障失能老人）及合作方责任划分。可借鉴某电商企业在疫情防控期间的“绿色通道”模式，实现政府、企业、社区三方联动，确保合规性与效率兼顾。

（三）政策与技术的双轮驱动

一是鼓励政策创新支持标准化落地。通过“政策试点＋容错机制”推动标准迭代。例如，在雄安新区设立“康养物流创新示范区”，允许企业先行先试无人配送、共享仓储等新模式，成熟后纳入国家标准体系。同时，完善《中华人民共和国标准化法》配套细则，明确企业参与标准制定的激励机制，如税收优惠或研发补贴。

二是开展技术赋能的动态合规管理。利用AI与大数据实现实时合规监控。例如，开发“康养合规大脑”系统，自动识别物流环节中的违规操作（如药品超温），并推送整改建议；通过机器学习分析历史监管数据，预测高风险环节并优化检查频次。

本节小结

本节深入分析了康养供应链中的痛点与挑战，并提出了相应的对策。在资源错配与协同难题方面，通过破除医疗、养老和保险的数据壁垒，以及设计跨区域资源调剂机制，可以有效提升康养资源的配置效率。在标准化与合规性挑战方面，通过建立老龄友好型物流服务标准和应对医疗监管与伦理风险，可以提升康养服务的质量和安全性。这些对策不仅有助于解决当前康养供应链中的问题，也为未来康养产业的高质量发展提供了思路和方向。

第二节 未来趋势与战略方向

一、从“规模效率”到“精准普惠”

在老龄化社会背景下，传统康养供应链以规模化、标准化为核心的效率导向模式已难以满足多元化、差异化的康养需求。未来的发展需从“规模效率”向“精准普惠”转型，通过技术赋能、模式创新和制度协同，实现资源的高效配置与服务质量的全面提升。以下从战略定位转型、技术赋能、服务模式创新和政策协同四个角度展开分析。

（一）战略定位转型：从标准化到个性化

一是提供需求驱动的精准服务。在老龄化社会中，康养需求呈现多层次、多维度特征。例如，失能老人需要医疗护理与康复支持，活力老人更关注健康管理与社交活动。精准普惠要求供应链以需求为导向，通过细分用户画像（如健康状况、经济能力、居住环境），构建差异化的服务模块。例如，通过大数据分析区域老龄化特征，动态调整医疗资源配送优先级。

二是注重普惠性覆盖与成本优化。普惠性强调服务的可及性与公平性，需平衡服务质量与经济可行性。供应链可通过“分级服务”模式，针对不同支付能力的群体设计基础型、增强型和定制化服务包。例如，基础型服务包依托社区养老中心提供低成本健康监测，而定制化服务包则需整合高端私立医疗机构资源。

三是构建动态响应机制。康养需求具有动态变化特征（如突发疾病、季节性疾病高发期），需建立弹性供应链响应机制。例如，通过物联网技术实时监测区域健康数据，动态调整药品储备与物流配送路径，避免资源冗余或短缺。

（二）技术赋能：智能化与数据驱动的精准匹配

一是注重大数据与需求预测。基于健康档案、消费行为、地理位置等多源数据，构建需求预测模型。例如，利用时间序列分析预测慢性病药品的区域需求量，优化仓储布局；通过情感分析挖掘老年群体对康养服务的隐性需求（如心理慰藉）。

二是应用物联网与实时监控。在适老化物流场景中，应用智能传感设备（如温湿度传感器、GPS 追踪器）保障药品、生鲜食品的运输安全。例如，冷链物流中实时监测疫苗温度，结合区块链技术实现全程可追溯。

三是开展 AI 驱动的个性化推荐。利用自然语言处理（NLP）技术解析老年用户的语音或文字需求，并结合知识图谱推荐适配的康养服务。例如，智能客服系统根据用户病史推荐附近的康复机构或家庭医生。

四是应用区块链构建信任机制。通过区块链技术实现康养服务全流程透明化，解决信息不对称问题。例如，养老机构资质认证、服务评价数据上链，以增强消费者信任；供应链金融中利用智能合约简化结算流程。

（三）服务模式创新：社区化与跨界融合

一是建立社区嵌入式服务网络。以社区为单元构建“15 分钟康养服务圈”，整合社区卫生站、日间照料中心、生鲜配送点等资源。例如，社区物流中心采用“前置仓”模式，储备常用药品与应急物资，缩短“最后一公里”配送时间。

二是推进医养结合的资源协同。推动医疗机构与养老机构的数据互通与资源共享。例如，三甲医院通过远程医疗平台为社区养老中心提供诊疗支持；在药品供应链中实现“处方流转—药店配送—家庭护理”一体化。

三是实现多元化供给主体协作。鼓励企业、社会组织、家庭共同参与康养服务供给。例如，物流企业与社区志愿者合作开展“代配药”服务；科技公司开发适老化 App，简化老年人下单流程。

（四）政策协同：制度保障与生态构建

一是侧重顶层设计与标准制定。政府需出台康养供应链专项规划，明确数据共享、服务准入、质量评估等标准。例如，制定适老化物流设备技术规范，推动无人配送车在养老社区的应用。

二是建立跨部门协同机制。建立卫健、民政、交通等多部门联合工作机制，破除政策壁垒。例如，医疗物资运输中开通绿色通道，协调交通部门优先放行急救药品车辆。

三是应用普惠性补贴与金融创新。通过财政补贴降低基础康养服务成本，同时引导社会资本参与。例如，对社区养老物流设施建设提供税收优惠；开发“康养供应链金融”产品，缓解中小企业资金压力。

四是开展人才培养与适老化教育。加强康养供应链专业人才培训，包括老年护理、智慧物流、数据分析等方向。例如，高校开设“老龄科技与供应链管理”交叉学科，企业联合职业院校开展适老化技术实训。

二、重构碳中和目标下的绿色供应链

在老龄化社会与“双碳”目标的双重背景下，康养供应链的绿色转型不仅是环境责任的体现，更是提升资源利用效率、降低运营成本的核心路径。传统供应链模式在资源消耗、碳排放与废弃物处理上的短板亟待突破，需通过技术创新、模式重构与政策协同，构建以“低碳化、循环化、智能化”为特征的绿色康养供应链体系。以下从低碳运输体系的构建与优化、循环包装技术创新与标准化应用、重构逆向物流网络价值、政策协同与产业生态赋能四个角度展开分析。

（一）低碳运输体系的构建与优化

一是应用新能源物流工具。针对康养场景下药品配送、老年餐食供应高频次、小批量的运输需求，推广电动货车、氢能源冷链车等新能源运输工具。例如，在城市社区部署微型电动配送车，结合光伏充电桩实现能源自给；在偏远地区试点氢燃料电池冷链车，保障生物制剂运输的低温需求与低碳目标。

二是优化路径与整合多式联运。基于蚁群算法、动态规划等智能算法优化运输路径，减少空驶率与碳排放。例如，整合社区养老中心、医疗机构、物流枢纽的运输需求，构建“医药物流＋生活物资”的共享配送网络；推动铁路、公路与无人机协同的多式联运模式，降低长距离运输的碳足迹。

三是绿色适配适老化运输场景。在运输工具与流程设计中融入适老化理念。例如，采用低地板电动货车便于轮椅上下；在冷链包装中嵌入温湿度传感器，减少因运输损耗导致的重复配送需求；通过区块链技术实现药品溯源，避免无效运输。

（二）循环包装技术创新与标准化应用

一是设计适老化的可降解材料。研发适用于康养场景的生物基可降解包装材料，兼顾环保性与功能性。例如，采用玉米淀粉基材料制作药品缓冲包装，兼具减震性能与快速降解能力；设计易撕拉链结构的适老化食品包装，减少老年用户使用中的资源浪费。

二是探索循环共享包装模式。建立“以租代购”的包装共享平台。例如，医疗耗材供应商与养老机构合作，通过智能芯片追踪可循环周转箱的使用状态，实现包装的跨机构流转；社区设置智能回收柜，激励老年人返还快递包装并兑换康养服务积分。

三是建立标准化与逆向追溯体系。制定康养领域循环包装的技术标准与操作规范。例如，统一医疗冷链箱的尺寸与接口标准，提升多主体协同效率；利用 RFID 技术记录包装全生命周期数据，支持碳足迹核算与环保认证。

（三）重构逆向物流网络价值

一是闭环管理医疗废弃物。构建“分类回收—专业处理—资源再生”的逆向物流链条。例如，通过智能垃圾桶实现居家医疗废弃物（如针头、纱布）的自动分类与安全封装；联合专业机构对废弃药品进行无害化处理，提取有效成分用于新药研发。

二是构建闲置康养设备的再制造体系。针对轮椅、制氧机等设备的闲置问题，建立“回收—检测—翻新—租赁”模式。例如，利用 AI 视觉技术快速评估设备损耗程度，通过 3D 打印替换破损部件；搭建在线租赁平台，降低低收入老年群体的使用门槛。

三是优化数据驱动的逆向网络。基于物联网与大数据技术预测逆向物流需求。例如，分析区域老龄化率与慢性病发病率，动态调整废弃药品回收点的布局；通过机器学习优化逆向运输路径，降低回收成本。

（四）政策协同与产业生态赋能

一是善用碳交易与绿色金融支持。将康养供应链纳入碳交易体系，创新金融工具。例如，对采用新能源物流工具的企业发放碳配额奖励；开发“绿色康养供应链保险”，覆盖环保技术应用风险。

二是建立跨区域协同治理机制。建立跨行政区的绿色供应链协作平台。例如，京津冀地区统一医药物流车辆的排放标准，互认环保认证资质；长三角城市群共建循环包装回收网络，实现基础设施共享。

三是建立消费者教育与激励机制。通过数字化手段提升老年群体环保意识。例如，开发适老化 App 展示个人碳足迹，引导低碳消费行为；对参与包装回收的老年人提供优先护理服务预约权限。

四是推进技术创新联盟建设。推动产学研合作攻关绿色技术瓶颈。例如，成立“康养绿色供应链研究院”，重点突破生物降解材料、低能耗冷链技术等方向；设立专项基金支持中小企业绿色转型。

三、构建代际融合与社区参与式供应链

在老龄化背景下，康养供应链的可持续发展不仅需要技术赋能与政策支持，更需通过代际融合与社区参与激活社会资源的协同效应。传统供应链模式往往忽视老年群体的主动参与价值，而未来的趋势将聚焦于构建“全龄友好、资源共享、互助共生”的社区化供应链体系，尤其注重银发人力资源的开发与代际协作机制的创新。以下从银发人力资源开发、代际协作模式创新、社区参与网络构建、政策协同与生态赋能四个角度展开分析。

（一）银发人力资源开发：释放老年群体的社会价值

一是构建老年志愿者配送网络。老年群体中低龄老人（60 ～ 69 岁）具有时间充裕、社区熟悉度高、服务意愿强的特点，可成为康养供应链末端的“毛细血管”。例如，四川省成都市雅澜社区通过“银发康养手工”项目，组织低龄老人成立志愿者服务队，协助高龄老人配送药品、生活物资，并开展邻里关怀活动，形成“以老助老”的互助网络。该模式通过社区培训（如钩编技能、护理知识）提升低龄老人的服务能力，同时结合积分奖励机制（如兑换康养服务、优先预约权）激发参与积极性。

二是精准匹配适老化岗位。针对老年群体的身体机能与经验优势，开发“轻体力、高经验”的岗位。例如，社区物流中心可设置“社区导购员”“药品分拣员”等岗位，由老年人承担商品分类、订单核对等工作；在偏远农村地区，老年群体可参与本地农产品的初级加工与配送，降低供应链用工成本。吉林省相关政策明确提出“开发适老化岗位”，支持企业根据老龄劳动者特点安排灵活工作时间与任务。

三是开展银发技能培训与知识传承。通过职业技能培训与代际知识传递，激活老年人的隐性价值。例如，社区可开设“银发技能工坊”，由退休技工教授年轻从业者传统手工艺（如食品加工、器械维护），同时引入数字化工具

（如智能仓储系统操作培训）提升老年人的技术适应性。此类模式既增可强老年人的社会归属感，又为康养供应链注入多元技能储备。

（二）代际协作模式创新：全龄化协同服务网络

一是建立“老青结合”的配送体系。整合老年志愿者与青年从业者的优势，构建分层协作网络。例如，青年物流人员负责干线运输与技术支持，老年志愿者负责社区内“最后一公里”配送，并通过代际协作平台实现任务分配与实时沟通。日本部分社区采用“青银共配”模式，青年志愿者驾驶电动货车完成跨区域运输，老年志愿者通过步行或电动三轮车完成社区内精准投递，既降低碳排放，又提升服务温度。

二是鼓励代际知识共享与经验互补。通过“导师制”促进技术经验的双向传递。例如，青年工程师为老年志愿者提供智能设备使用培训，而老年从业者则分享本地化服务经验（如社区老人需求偏好、应急处理技巧等）。此类协作可应用于供应链需求预测、服务设计等环节，提升供需匹配精准度。

三是建立家庭－社区联动的服务生态。以家庭为单位激活代际互助潜力。例如，鼓励年轻家庭成员通过线上平台为老年人预约康养服务，同时老年人通过参与社区志愿活动积累积分，兑换家庭共享福利（如优先就医通道、子女职业培训补贴）。此类模式强化代际利益绑定，推动供应链服务的家庭渗透率。

（三）社区参与网络构建：本地化资源共享平台

一是建立社区嵌入式服务枢纽。以社区为单位整合康养资源，构建“15分钟服务圈”。例如，社区物流中心可设置共享仓储空间，存放老年人常用药品、应急物资，并由志愿者团队管理；社区卫生站与社区超市合作，推出“健康套餐”配送服务，老年人通过手机或社区终端机一键下单。成都市致强社区通过“钩编小组”孵化社区微企业，承接企业订单并反哺本地养老服务，形成“商业－公益”闭环。

二是开展邻里互助的数字赋能。利用数字化工具构建社区互助网络。例如，开发适老化互助 App，老年人可发布需求（如代购药品、陪同就医），系统自动匹配附近的志愿者或服务商；区块链技术用于记录服务时长与质量，生成可信度评价，激励长期参与。

三是建立社区资源循环利用机制。推动社区内物资与服务的循环共享。例如，建立“闲置康养设备共享库”，老年人可租借轮椅、制氧机等设备，并由社区志愿者负责维护；社区食堂与老年农场合作，实现食材本地化供应，减少供应链中间环节。

（四）政策协同与生态赋能：制度保障与可持续发展

一是加强立法保障与权益维护。制定银发人力资源开发专项法规，明确老年志愿者的劳动权益与保障措施。例如，吉林省提出“探索银发人力资源登记制度”，将老年志愿者纳入公共就业服务体系，并提供意外保险与交通补贴。

二是加强跨部门协同与资金扶持。建立民政、人社、卫健等多部门联合工作机制，整合社区养老基金与商业资本。例如，对开展代际协作项目的企业给予税收减免；设立“银发志愿服务基金”，支持社区培训与设备采购。

三是建立社会评价与激励机制。构建“服务积分－福利兑换”体系，提升参与积极性。例如，老年志愿者可通过服务时长兑换健康体检、家政服务或孙辈教育补贴；企业参与代际协作项目可获得 ESG 评级加分，吸引社会投资。

四、基于政策协同、技术适配与人文关怀的战略建议

在老龄化与康养供应链深度融合的背景下，实现供应链的可持续发展需以“政策协同”为基础、以“技术适配”为驱动、以“人文关怀”为核心，构建三位一体的战略框架。通过制度创新、技术赋能与人性化服务的有机联

动，破解资源错配、效率低下与情感缺失等核心矛盾，推动康养供应链从单一功能型向综合价值型跃迁。以下从政策协同机制优化、技术适配路径创新、人文关怀体系重构三个角度展开论述。

（一）政策协同机制优化：顶层设计与生态共建

一是加强跨部门协同与制度集成。康养供应链涉及民政、卫健、交通等多部门，需打破行政壁垒，建立“横向联动、纵向贯通”的政策协同机制。例如，浙江省杭州市通过卫健部门与物流企业的数据共享，实现药品配送与居家护理服务的无缝衔接；泰安市联合住建、残联等部门制定适老化改造标准，明确筹资机制与改造流程，覆盖8319户特殊困难老年人家庭。未来可探索“链长制”管理模式，由地方政府统筹协调供应链各环节的资源配置与责任分工。

二是并重普惠性政策与市场化激励。政府需通过财政补贴、税收减免等政策降低基础服务成本，同时引导社会资本参与银发经济。例如，国务院《关于发展银发经济增进老年人福祉的意见》提出完善智慧健康养老推广目录，支持企业开发适老化产品；吉林省通过税收优惠鼓励企业开发“适老化岗位”，激活银发人力资源。此外，可借鉴碳交易机制，对采用绿色技术的企业发放碳排放配额奖励，形成市场化驱动的低碳转型路径。

三是建立标准化建设与动态评估机制。建立康养供应链全流程标准体系，涵盖服务准入、数据安全、质量评价等维度。例如，国家发改委发布的《“十四五”循环经济发展规划》明确医疗废弃物逆向物流的闭环管理要求；泰安市联合高校制定适老化改造技术标准，实现“一户一档、一户一清单”的精准化服务。同时，需构建动态评估模型，利用大数据监测政策执行效果，及时调整资源配置策略。

（二）技术适配路径创新：智能化与适老化融合

一是落地智慧化技术的场景化。推动人工智能、物联网、区块链等技术在康养场景的深度应用。例如，杭州市引入机器狗“小西”承担送药与陪伴服务，通过激光雷达与智能算法提升服务效率；泰康之家开发的“泰乐智慧养老云平台”整合健康监测、紧急呼叫等功能，实现24小时居家安全守护。需重点突破适老化交互设计，如开发语音控制、大字体界面等低门槛技术，降低老年人使用障碍。

二是精准匹配数据驱动的供需。构建整合型需求评估系统，结合健康档案、消费行为等多源数据，实现服务精准推送。例如，北京市西城区通过物联网终端实时监测失能老人体征数据，动态调整护理方案；上海市“银色数字工程”依托小程序提升老年人智能技术应用能力，优化服务响应效率。需强化数据隐私保护，采用区块链技术确保信息共享的安全性。

三是迭代升级适老化物流技术。针对老年人高频需求，开发轻量化、便携式物流设备。例如，电动三轮车与无人配送车结合，解决社区“最后一公里”难题；智能温控箱保障药品冷链运输稳定性。同时，推广循环包装与共享仓储模式，如社区设置可降解包装回收点，降低资源浪费。

（三）人文关怀体系重构：需求导向与代际融合

一是注重以老年人为本的服务设计。从“生存保障”转向“品质生活”，关注老年人的情感与社交需求。例如，上海市老博会展示的“小泰智能音箱”不仅提供健康管理功能，还支持视频问诊与社交互动；招商观颐之家打造“忆路同心”认知症专区，通过怀旧场景与音乐疗愈延缓病情发展。需建立用户参与式设计机制，邀请老年人共同定义服务流程与产品功能。

二是建立代际协作与社区互助网络。激活老年群体自身价值，构建“以老助老”的互助生态。例如，成都市雅澜社区组织低龄老人成立志愿者团队，协助配送物资与情感关怀；日本“青银共配”模式整合青年与老年志愿者优势，形成分层配送网络。可探索“服务积分”制度，老年人通过参与社区活动兑换护理服务或家庭福利，增强代际利益绑定。

三是注重文化认同与伦理保障。尊重老年人的文化习惯与生活方式，避免技术过度侵入隐私空间。例如，泰安市在适老化改造中保留传统家具布局，减少环境陌生感；杭州市机器狗“小西”通过拟态化设计增强情感联结，避免冰冷的技术工具感。需制定技术应用的伦理指南，明确数据使用边界与人工服务的不可替代性。

本节小结

本节探讨了康养供应链的未来趋势与战略方向。随着人口老龄化的加剧，康养服务将从“规模效率”向“精准普惠”转变，更加注重个性化和普惠性。在全球碳中和目标的推动下，绿色供应链将成为康养服务的重要发展方向。代际融合与社区参与式服务将为康养服务提供更广泛的社会支持。通过政策协同、技术适配和人文关怀，康养服务可以实现高质量、可持续的发展。这些趋势和战略方向不仅为康养产业的未来发展提供了思路，也为相关企业和政策制定者提供了参考。

参考文献

[1] 中共中央，国务院 .“健康中国 2030”规划纲要 [R/OL]. 北京：人民出版社，2016（2016-10-25）[2024-8-5].http：//www.gov.cn/zhengce/2016-10/25/content_5124174.htm.

[2] 国家卫生计生委，国家发展改革委 . 关于促进健康旅游发展的指导意见 [R/OL]. 北京：国家卫生计生委，2017（2017-05-18）[2024-11-25].http：//www.nhc.gov.cn/guihuaxxs/s3585u/201705/fd9a24caca8a4553ad6213b6fa6d928f.shtml.

[3] 国务院 .“十四五”国家老龄事业发展和养老服务体系规划 [R/OL]. 北京：人民出版社，2022（2022-02-21）[2024-10-20]. https：//www.gov.cn/zhengce/zhengceku/2022-02/21/content_5674844.htm.

[4] 中华人民共和国国务院办公厅 . 关于发展银发经济增进老年人福祉的意见 [EB/OL]（2024-01-15）[2025-02-07].https：//www.gov.cn/zhengce/zhengceku/202401/content_6926088.htm.

[5] 汪伟 . 人口老龄化与中国经济增长 [M]. 上海：上海财经大学出版社，2023.

[6] 马骏 . 中国人口老龄化及其政策应对研究 [M]. 南京：南京大学出版社，2023.

[7] 陈翠霞，强晓楠，刘志红 . 老龄化背景下我国养老服务体系建设 [M]. 北京：

经济科学出版社，2022.
[8] 葛延风，王列军，冯文猛，等. 我国健康老龄化的挑战与策略选择 [J]. 管理世界，2020，36（4）：86-96.
[9] 泰勒 . 科学管理原理 [M]. 马风才，译 . 北京：机械工业出版社，2003.
[10] 马士华，林勇，陈志祥 . 供应链管理 [M]. 北京：机械工业出版社，2010.
[11] 大野耐一，姚山宏 . 丰田生产方式 [M]. 北京：中信出版集团，2016.
[12] 迈克尔・哈默，詹姆斯・钱皮 . 企业再造 [M]. 王珊珊，译 . 上海：上海译文出版社，2007.
[13] 沈厚才，陶青，陈煜波 . 供应链管理理论与方法 [J]. 中国管理科学，2000（1）：1-9.
[14] 刘伟华 . 服务供应链管理 [M]. 北京：中国物资出版社，2009.
[15] 宋华，于亢亢 . 服务供应链的结构创新模式：一个案例研究 [J]. 商业经济与管理，2008（7）：3-10.
[16] TORAY CORPORATION. ヘルスケアデータを活用したサプライチェーン最適化モデル [J]. Proceedings of the 15th Japan Medical IT Society，2022（10）：125-132.
[17] FDA. Drug Supply Chain Security Act（DSCSA）Implementation Report[R]. Silver Spring，MD：U.S. Food and Drug Administration，2023.
[18] CVS HEALTH. Annual Report：Integrated Healthcare Delivery Model[R]. Woonsocket，RI：CVS Health Corporation，2022.
[19] MCKINSEY & COMPANY. The Future of Pharmaceutical Supply Chains：Lessons from the U.S. Market [R]. New York，NY：McKinsey & Company，2023.
[20] MIT CENTER FOR TRANSPORTATION & LOGISTICS. Blockchain in Healthcare Supply Chains：A Case Study of MediLedger [R]. Cambridge，MA：MIT Press，2021.

[21] EXPRESS SCRIPTS. PBM Impact on Senior Medication Adherence：Data Insights 2023 [R]. St. Louis，MO：Express Scripts，2023.

[22] UPS HEALTHCARE. Cold Chain Logistics for Biopharmaceuticals：A Technical White Paper [R]. Atlanta，GA：UPS Healthcare，2022.

[23] EUROPEAN COMMISSION. Circular Economy Action Plan：Implementation Report 2023 [R]. Brussels：European Commission，2023.

[24] DSV.Decarbonizing Healthcare Logistics：The Nordic Experience [R]. Copenhagen：DSV，2023.

[25] NEW COLD.Zero-Carbon Cold Storage：A Case Study of Rotterdam Facility [R]. Rotterdam：New Cold，2022.

[26] BARCELONA CITY COUNCIL.Superblocks Program：Integrating Elderly Care into Urban Logistics[R].Barcelona：Ajuntament de Barcelona，2023.

[27] IKEA.The Silver Living Initiative：Circular Design for Aging Populations [R]. Älmhult：IKEA Group，2023.

[28] DHL. Blockchain Applications in Medical Reverse Logistics：Lessons from Germany [R]. Bonn：DHL International，2022.

[29] 黄阿婧 . 考虑个性化需求的养老服务供应链协调综述 [J]. 现代企业，2019（3）：90-91.

[30] 陈晓华 . 智慧养老服务供应链模型构建及运行机制研究 [J]. 科技与管理，2020，22（1）：23-28.

[31] 王一烜 . 基于服务供应链的创新养老服务模式运营探究 [J]. 生产力研究，2012（10）：109-110.

[32] 杜祥，杜学美，邵鲁宁 . 医疗服务供应链的价值分析与管理模式 [J]. 上海质量，2008（3）：46-49.

[33] 张智勇，赵俊，石永强 . 养老服务供应链创新模式：绩效评价与优化策略：基于广州荔湾区的调查 [J]. 商业研究，2013（8）：107-114.

[34] 沈婉婉，鲍勇 . 上海市养老机构“医养结合”优化模式及对策研究 [J]. 中华全科医学，2015，13（6）：863 -865，871.

[35] 赵晓芳 . 健康老龄化背景下“医养结合”养老服务模式研究 [J]. 兰州学刊，2014（9）：2.

[36] 袁晓航 .“医养结合”机构养老模式创新研究 [D]. 杭州：浙江大学，2013.

[37] 张丽，严晓萍 . 智慧养老服务供给与实现路径 [J]. 河北大学学报（哲学社会科学版），2019，44（4）：96-102.

[38] 王震 . 居家社区养老服务供给的政策分析及治理模式重构 [J]. 探索，2018（6）：116-126.

[39] 马跃如，易丹，胡韩莉 . 基于服务质量控制的养老服务供应链协调研究 [J]. 管理工程学报，2020，34（4）：109-118.

[40] 张智勇，赵俊，石永强，等 . 养老服务供应链中服务提供商的选择 [J]. 统计与决策，2014（4）：60-62.

[41] 陈帅，梁昌勇，赵树平 . 服务供应链模式下居家养老服务提供商组合选择研究 [J]. 科技促进发展，2019，15（10）：1106-1112.

[42] 田钰燕，包学雄 .“互联网 +”时代居家养老服务供给：从技术嵌入到协作生产：基于对 W 市“云家庭服务中心”的考察 [J]. 社会保障研究，2017（2）：38-46.

[43] 梁鑫，张伯生，熊寿伟 . 上海城镇职工养老保险可持续发展对策研究 [J]. 统计与决策，2010（13）：150-152.

[44] 肖娟 . 基于模糊多属性决策模型的政府购买养老服务供应商选择研究 [J]. 改革与开放，2021（13）：51-56.

[45] 黄阿婧 . 考虑个性化需求的养老服务供应链协调综述 [J]. 现代企业，2019（3）：90-91.

[46] 马跃如，易丹，胡韩莉 . 基于服务质量控制的养老服务供应链协调研究 [J]. 管理工程学报，2020，34（4）：109-118.

[47] 任宗伟，刘钰冰，周广民 . 社区居家养老服务供应链定价及协调策略研究：考虑老年人服务偏好 [J]. 产经评论，2021，12（6）：121-133.

[48] 李志刚，张伟 . 多模态交互在老年健康管理中的应用 [J]. 人机交互学报，2020，16（3）：45-53.

[49] 陈思远 . 基于模糊语义识别的适老化语音系统优化路径 [J]. 人工智能与老龄化研究，2022，8（2）：78-85.

[50] Yamamoto S.Elderly-Friendly Interface Design for E-Commerce Platforms：A Case Study of Japan Post[J]. International Journal of Human-Computer Interaction，2021，39（4）：112-124.

[51] 刘洋，黄俊杰 . 康养供应链中的适老化技术伦理问题研究 [J]. 医学信息学杂志，2023，44（1）：32-37.

[52] ZADEH L A. Fuzzy sets [J]. Information and Control.1965，8（3）：338-353.

[53] ATANASSOV K. Intuitionistic fuzzy sets[J]. Fuzzy Sets and Systems，1986，20：87-96.

[54] TORRA V，NARUKAWA Y. On hesitant fuzzy sets and decision [C].In The 18th IEEE International Conference on Fuzzy Systems，Jeju Island，Korea，2009：1378-1382.

[55] TORRA V. Hesitant fuzzy sets[J].International Journal of Intelligent System，2010，25（6）：529-539.

[56] ZHU B，XU Z，XIA M. Dual hesitant fuzzy sets[J].Journal of Applied Mathematics，2012（11）：2607-2645.

[57] WANG J Q，WU J T，WANG J，et al.Interval-valued hesitant fuzzy linguistic sets and their applications in multi-criteria decision-making problems[J]. Information Sciences An International Journal，2014，288（C）：55-72.

[58] Zadeh L A，The Concept of a Linguistic Variable and Its Application to Approximate Reasoning[J].Journal of Information Science，1975（8）：199-

249.

[59] Igoulalene I，Benyoucef，L，Tiwari M K. Novel fuzzy hybrid multi-criteria group decision making approaches for the strategic supplier selection problem[J]，Expert Systems with Applications，2015，42（7）：3342-3356.

[60] Xu Z，Zhao N. Information fusion for intuitionistic fuzzy decision making：An overview[J].Information Fusion，2016，28（C）：10-23.

[61] Chen，Y，Lin A J. Weighted link entropy and multiscale weighted link entropy for complex time series[J]. Nonlinear Dynamics，2021，105（1）：541-554.

[62] Wang B，Liang J，Qian Y. Determining decision makers' weights in group ranking：a granular computing method[J]. International Journal of Machine Learnng & Cybernetics，2015，6（3）：511-521.

[63] Zhao H，Xu Z，Wang H，et al. Hesitant fuzzy multi-attribute decision-making based on the minimum deviation method[J]. Soft Computing，2017，21（12）：3439-3459.

[64] Wang Q，Jin J，Mi C，et al. A maximum entropy configuration model of objective index weight based on grey correlation deep coefficient[J]. Control & Decision，2013，28（2）：235-240.

[65] Ye J.Bidirectional projection method for multiple attribute group decision making with neutrosophic numbers[J]. Neural Computing &Application，2017，28（5）：1021-1029.

[66] Wang R，Li Y. Picture hesitant fuzzy set and its application to multiple criteria decision-making，Symmetry-Basel，2018，10（7）：1-29.

[67] Wang S Q，Wei G W，Chen X D，et al.GRP and CRITIC method for probabilistic uncertain linguistic MAGDM and its application to site selection of hospital construction[J]. Soft Computing，2022，26（1）：237-251.

[68] Liu X D，Wang Z W，Chen Y F，et al. Investment decision making along the

B&R using CRITIC approach in probabilistic hesitant fuzzy environment[J]. Journal of Business Economics and Management，2020，21（6）：1683-1706.

[69] Krishankumar R，Ecer F. Selection of IoT service provider for sustainable transport using q-rung orthopair fuzzy CRADIS and unknown weights[J]. Applied Soft Computing，2023，132.

[70] Senapati T，Yager R R. Fermatean fuzzy weighted averaging/geometric operators and its application in multi-criteria decision-making methods[J]. Engineering Applications of Artificial Intelligence，2019，8（5）：112-121.

[71] Senapati T，Yager R R. Fermatean fuzzy sets[J]. Journal of Ambient Intelligence and Humanized Computing，2020，11（2）：663-674.

[72] Mahmood T，Ullah K，Khan Q，et al. An Approach toward Decision-Making and Medical Diagnosis Problems Using the Concept of Spherical Fuzzy Sets[J]. Neural Comput. Appl.，2019，31，7041-7053.

[73] 周志伟，李海英，贾杨 . 日本养老产业对我国医养结合养老模式构建的启示 [J]. 中国卫生事业管理，2021，38（2）：85-88.

[74] 侯雅文，梁丽芝 . 基于政策工具理论视角的我国智慧养老产业政策现状及优化策略 [J]. 中阿科技论坛（中英），2021（8）：38-42.

[75] 郁子 . 福祉 • 介護分野におけるロボットの実現に向けて [J]. 人間工学，2007，7（43）.

[76] Hideaki Takayanagi CKTK. Basic Study On Elderly Tele-Nursing Model For Emote Nursing By Smart Device[J].Journal OfCivil Engineering And Architecture，2018（12）：605-606.

[77] クミタ チカコ . 介護現場における福祉テクノロジーの導入をめぐる一考察 [J]. 同朋福祉，2019，26：167-181.

[78] 周博闻 . 美国健康服务业发展研究 [D]. 长春：吉林大学，2018：35-62.

[79] 周琛 . 德日两国的长期护理保险制度比较及我国 LTCI 建立构想 [J]. 法制与社会，2007（2）：345-346.

[80] 胡宏伟，李佳怿，汤爱学 . 日本长期护理保险制度：背景、框架、评价与启示 [J]. 人口与社会，2016，32（1）：94-103.

[81] 张晏玮，栾娜娜 . 日本长期护理保险制度发展方向及对我国的启示 [J]. 社会保障研究，2017（2）：106-112.

[82] 苏健 . 德国长期护理保险制度：演化历程、总体成效及其启示 [J]. 南京社会科学，2019（12）：67-73.

[83] 山东省民政厅 . 美国、加拿大养老服务业经验之启示 [J]. 社会福利，2016，000（3）：47-49.

[84] 陈桂英 . 加拿大开业护士在长期护理中发挥重要作用 [J]. 中国护理管理，2015（3）：380-381.

[85] 任素娟 . 日本智慧养老发展经验及对我国的借鉴 [J]. 未来与发展，2021（4）：57-60，16.

[86] 张子琪 . 日本持续照护退休社区的本土化实践路径探析 [J]. 国际城市规划，2021（2）：125-131.

[87] 徐智华，苏炜杰 . 发达国家人工智能养老战略与政策及其对中国的启示 [J]. 经济体制改革，2021，（05）150-157.

[88] 李新伟 . 日本养老保障制度的发展及其启示 [J]. 现代日本经济，2002（4）：44-47.

[89] 袁吉伟 . 全球养老第三支柱经验及启示 [J]. 国际金融，2021（9）：11-14.

[90] Population aging and the generational economy：A global perspective[M]. Edward Elgar Publishing，2011，220-222.

[91] Mason A，Lee R，Tung A C，et al. Population aging and intergenerational transfers：Introducing age into national accounts[M]//Developments in the Economics of Aging.University of Chicago Press，2009：89-122.

[92] Starkey Katie Baker，Weech － Maldonado Robert，MorVincent. Market competition and quality of care in the nursing home industry[J].Journal of Health Care Finance，2008，32（1）：67-81.

[93] Tamiya N，Noguchi H，Nishi A，et al. Population ageing and wellbeing：lessons from Japan's long-term care insurance policy[J]. The lancet，2011，378（9797）：1183-1192.

[94] Kristina Westerberg，Jan Hjelte. The impact of elderly care competence and quality improvement programme in four Swedish municipalities[J].Journal of Vocational Education & Training，2013，65（3）：7-24.

[95] Taylor Chris，Donoghue Jed. New ways to provide community aged care services.[J].Australasian journal on ageing，2015，34（3）：2-16.

[96] Sutton Elizabeth，Dixon-Woods Mary Margaret，Tarrant Carolyn.An Ethnographic Process Evaluation of a Quality Improvement Project to Improve Transitions of Care for Older People[J].British Medical Journal Open，2016.

[97] 王裔艳．澳大利亚、加拿大和英国居家服务比较研究 [J]．人口与发展，2016，22（5）：105-112.

[98] 耿爱生，王珂 . 英国“医养结合”的经验与启示 [J]. 华东理工大学学报（社会科学版），2016（5）：87-94，103.

[99] 王欢等 . 区块链技术在未来医疗服务体系中的应用探讨 [J]. 医学信息学杂志，2024（11）：91-94.

[100] 国家发展改革委 .“十四五”循环经济发展规划 [R]. 北京：国家发展改革委，2021.

[101] 国务院办公厅 . 关于推进养老服务发展的意见 [Z]. 国办发〔2019〕5 号，2019.

[102] 四川省妇女手工编织协会 . 银发康养手工进社区项目实践报告 [R]. 成都：四川省妇联，2024.

[103] 吉林省人力资源和社会保障厅 . 关于助力银发经济发展和促进银发群体就业的意见 [Z]. 吉人社联〔2024〕119 号，2024.

[104] 中国老龄产业协会 .2024 银发经济产业发展大会会议纪要 [R]. 天津：中国老龄产业协会，2024.

[105] New Aging Pro 研究团队 . 银发经济分龄需求与产业升级路径研究 [J]. 老龄科学，2024，12（3）：45-58.

[106] 王研 . 银发经济时代老年人力资源开发的机遇、挑战与路径探索：以山东省烟台市为例 [J]. 中国集体经济，2025（10）：153-156.

[107] 刘晓婷 . 双轮驱动：政策与技术创新如何重塑中国养老未来 [J]. 社会科学报，2025，1941（4）：12-15.

[108] 左美云 . 智慧养老产业发展的路径与挑战 [J]. 老龄科学研究，2024，12（3）：45-58.

[109] 工信部 . 促进数字技术适老化高质量发展工作方案 [Z]. 工信部发〔2024〕5 号，2024.

[110] 山东省民政厅 . 泰安市适老化改造新模式案例研究 [R]. 济南：山东省民政厅，2024.

[111] 王宇熹，汪泓，陈群民，等 . 上海养老保险改革的系统动力学仿真分析 [J]. 上海交通大学学报，2012（8）：1340-1348.

附　录

核心术语表

1. 人口老龄化（Population Aging）• 定义：指一个国家或地区总人口中老年人口（通常指 60 岁或 65 岁以上）所占比例不断上升的过程。它是人口出生率下降和人均寿命延长的共同结果。• 相关数据：2021 年我国 60 岁及以上老年人口达 2.6 亿，预计 2025 年将超过 3 亿；2027 年我国将从老龄化社会变成老龄社会。

2. 康养产业（Health and Wellness Industry）• 定义：以维护和促进人类身心健康为目标，整合健康、养老、医疗、养生、旅游等多领域资源，为人们提供全方位、多层次康养产品和服务的综合性产业。• 产业类型：包括养老地产业、养老旅游业、医疗保健业、家政服务业、保险金融业等细分市场。

3. 康养供应链（Health and Wellness Supply Chain）• 定义：围绕康养服务的提供，从原材料采购、生产制造、物流配送到最终服务交付的全过程，涉及医疗设备、药品、养老设施、健康管理服务等多个环节的协同运作。• 特点：服务主导型、高风险性（如医疗合规、冷链安全）、多主体协同（医疗机构、药企、养老机构、社区与家庭）。

4. 医养结合（Integration of Medical and Elderly Care）• 定义：将医疗资源与养老资源深度融合，形成集医疗、康复、养生、养老等为一体的新型养老服务模式，以满足老年人在生活照料和医疗护理方面的双重需求。• 模式：包括医院开展养老服务、养老机构内设医疗机构、社区居家养老与医疗服务相结合等。

5. 精准普惠（Precision and Inclusiveness）• 定义：在康养服务中，通过精准识别老年人的需求，提供个性化、定制化的服务，同时确保服务的可及性和普惠性，使更多老年人能够享受到高质量的康养服务。

6. 绿色供应链（Green Supply Chain）• 定义：在康养供应链中，通过低碳运输、循环包装、逆向物流等措施，减少碳排放和资源浪费，实现供应链的可持续发展。• 实践：如采用电动车辆、混合动力车辆进行低碳运输；推广可回收、可降解包装材料。

7. 代际融合（Intergenerational Integration）• 定义：在康养服务中，整合不同年龄段人群的资源和能力，促进老年人与年轻人之间的互动与合作，实现更高效、更人性化的服务模式。• 实践：开发银发人力资源，组织老年志愿者参与配送网络、社区服务等。

8. 社区参与式服务（Community-based Service）• 定义：以社区为依托，整合社区内各类资源，为老年人提供一站式康养服务，包括日间照料、助餐助浴、健康监测、文化娱乐等。• 实践：建设社区康养服务综合体，组织健康讲座、健身活动和社交互动。

9. 健康一体机（Health All-in-One Machine）• 定义：一种集多种医疗检测功能于一体的设备，可实现心电图、心率、血糖、血压等多项检测，并通过终端软件与区域卫生信息平台实现数据存储、管理和交互。

10. 养老服务供应链（Elderly Care Service Supply Chain）• 定义：专注于养老服务的供应链体系，涵盖养老服务的规划、运营、管理、质量提升等环节，包括居家养老、社区养老、机构养老等多种模式。• 实践：构建横向八大能力平台（如政策研究、资产管理、养老运营等）和纵向五级服务网络（省级、市级、县级、镇级、村级）。

11. 康养旅游（Health and Wellness Tourism）• 定义：一种融合健康养生与旅游休闲的新兴业态，旨在通过旅游活动促进身心健康，满足人们对健康幸福生活的追求。• 市场规模：2023 年全球康养旅游市场规模达 8680 亿美元，2024 年将达到 1 万亿美元。

12. 养老地产（Elderly Care Real Estate）• 定义：为老年人提供居住、养老、康复等服务的房地产项目，包括养老社区、养老公寓、养老小镇等多种形式。• 实践：打造“康养 + 保险”生态圈，链接医疗健康资源和养老服务资源，提供一体化的医疗健康养老服务解决方案。

13. 智慧养老（Smart Elderly Care）• 定义：利用物联网、大数据、人工智能等技术手段，实现养老服务的智能化、便捷化和个性化，提升养老服务质量和效率。• 实践：构建智慧养老服务平台，提供远程医疗、健康监测、紧急救援等服务。

14. 康养小镇（Wellness Town）• 定义：以康养为核心，融合医疗、养老、旅游、文化等多种功能，打造集居住、休闲、养生于一体的综合性特色小镇。• 实践：提供医疗、居住、休闲、娱乐、度假等元素综合一体的持续性照料服务。

15. 养老服务供需格局（Supply and Demand Pattern of Elderly Care Services）• 定义：分析养老服务的供给与需求现状，包括养老服务的种类、数量、质量以及老年人对养老服务的需求偏好等，以明确市场发展态势。• 现状：随着老龄化加剧，养老服务需求不断增加，但供给仍存在不足，尤其是在农村和偏远地区。

16. 养老服务供应链质量控制（Quality Control of Elderly Care Service Supply Chain）• 定义：通过建立质量评价指标体系和优化改进策略，对养老服务供应链的各个环节进行质量监控和管理，以提升服务质量。• 实践：采用 TFN-AHP 模型、BP 神经网络等数学方法构建服务质量评价模型。

17. 养老服务供应链优化（Optimization of Elderly Care Service Supply Chain）• 定义：在考虑质量改进和社会责任的基础上，通过科学的决策方法和策略，对养老服务供应链的运作过程进行优化，以提高效率、降低成本。• 实践：提出“以需求为导向”的优化策略，推动养老服务的健康发展。

18. 养老服务生态圈（Elderly Care Service Ecosystem）• 定义：以养老服务为核心，整合医疗、养老、保险、金融、旅游等多领域资源，形成的相互依存、协同发展的产业生态系统。• 实践：保险机构通过整合康养产业链资源，打造“康养 + 保险”生态圈。

19. 养老服务标准化（Standardization of Elderly Care Services）• 定义：建立统一的服务标准和规范，确保养老服务的质量和安全性，提高服务的可比性和透明度。• 实践：制定老龄友好型物流服务标准，规范物流企业在配送、签收、增值服务等方面的行为。

20. 养老服务社会责任（Social Responsibility of Elderly Care Services）• 定义：养老服务企业在提供服务过程中，应承担的社会责任，包括保障老年人的合法权益、保护环境、促进社会和谐等。• 实践：在供应链管理中注重绿色发展理念，减少碳排放和资源浪费。